Gemüse satt!

Gemüse satt!

140 vegetarische Lieblingsgerichte

Alice Hart

Fotos von Lisa Linder

Dorling Kindersley

Einführung	6
Frühstück & Brunch	20
Vorspeisen & kleine Gerichte	38
Salate	72
Suppen	106
Brot	128
In letzter Minute	140
Kulinarische Seelenwärmer	170
Rezepte zum Angeben	202
Grundrezepte	232
Menüvorschläge	246
Glossar	250
Register	252

Inhalt

Dieses Buch ist eine Hymne an die vielen herrlichen Lebensmittel, die die Grundlage einer vegetarischen Ernährung bilden.

Sein Ziel ist es, auch die ganz »eingefleischten« Esser dazu zu bringen, öfter einmal auf Fleisch zu verzichten, und zu zeigen, dass eine fleischlose Küche nicht langweilig und fade sein muss. Ein bisschen Zeit, eine Prise Fantasie und frische, saisonale Produkte – mehr braucht man nicht für eine verlockende Mahlzeit, die sättigt und schmeckt.

Dabei ist es gar nicht nötig, dass Sie gleich zum rigorosen Vollzeit-Vegetarier werden. Vielleicht möchten Sie aus gesundheitlichen Gründen oder aus Rücksicht auf die Umwelt Ihren Fleischkonsum einfach ein wenig einschränken. Oder Sie haben das Gefühl, zumindest bei einigen Mahlzeiten auch ganz gut auf Fleisch verzichten zu können. Und da liegen Sie genau richtig. Denn nur allzu oft wird das Gemüse zum schmückenden Beiwerk degradiert, das zu nichts anderem dient, als das Fleisch – den Star auf dem Teller – ins rechte Licht zu rücken. Gestehen wir also dem Gemüse endlich den Rang zu, der ihm in unserer Ernährung gebührt – und mit ihm den Getreideprodukten, den Hülsenfrüchten, Kräutern und Früchten!

In der heutigen Zeit sind die Voraussetzungen für die Umstellung auf eine vegetarische Ernährung geradezu ideal. Unsere Vorfahren wären angesichts der ungeheuren Auswahl an Gemüse, die uns heutzutage zur Verfügung steht, aus dem Staunen nicht mehr herausgekommen. Und wie könnte man einer saftigen Tomate widerstehen, die aussieht wie der Himmel bei Sonnenuntergang? Oder dem süßen Fleisch eines Butternusskürbisses, dem betörenden Aroma der Kräuter? Fleischlos kochen heißt auch neue Nahrungsmittel und Zubereitungsarten zu entdecken. Die Rezepte in diesem Buch sind von den kulinarischen Traditionen der verschiedensten internationalen Küchen inspiriert, von der an Gewürzen so reichen nordafrikanischen bis zur feinen, aromatischen vietnamesischen Küche.

Dieses Buch möchte den Beweis erbringen, dass die vegetarische Küche alles andere als langweilig ist. Wenn Sie, wie viele von uns, das Gefühl haben, Ihrer Ernährung fehle es an Abwechslung, bietet Ihnen die vegetarische Küche die Möglichkeit, aus diesem Trott auszubrechen und dabei dem Rhythmus der Jahreszeiten zu folgen.

DAS SOLLTE IM VORRAT EINES
VEGETARIERHAUSHALTS NICHT FEHLEN:

Ahornsirup
Algen, getrocknete
Butter, aromatisierte
Chutneys und Würzsaucen
Edamame (junge Sojabohnen)
Erbsen (TK)
Essig
Esskastanien (vakuumverpackt oder als Püree)
Gemüse, eingelegtes (für Vorspeisen)
Getreideprodukte und Reis
Grenadinesirup
Haferflocken
Honig
Hülsenfrüchte (aus der Dose und getrocknet)
Kaffirlimettenblätter
Kapern
Kokosmilch, Kokoscreme und Kokosraspel
Kräuter, getrocknete
Meersalz
Mehl (verschiedene Sorten)
Miso
Nüsse
Öl (verschiedene Sorten)
Oliven
Orangenblütenwasser
Parmesan
Pasta (verschiedene Sorten)
Pfefferkörner (schwarz, weiß und Sichuanpfeffer)
Pilze, getrocknete
Rosenwasser
Sambal oelek
Semmelbrösel
Senf (verschiedene Sorten)
Sesampaste (Tahini)
Sojasauce oder Tamari
Tomaten (ganze geschälte aus der Dose, Tomatenmark und passierte Tomaten)
Trockenfrüchte
Trockenhefe
Vanilleschoten und Vanillezucker
Wan-Tan-Blätter
Wein
Zartbitterschokolade
Zitronen, eingelegte

Ausgewogenheit heißt das Zauberwort

Es ist erwiesen, dass Vegetarier unter anderem weniger anfällig für Herz-Kreislauf-Erkrankungen, Übergewicht und Bluthochdruck sind, was darauf zurückzuführen ist, dass eine fleischlose Ernährung vermehrt Kohlenhydrate, Omega-6-Fettsäuren, Ballaststoffe, Vitamine und Mineralstoffe und relativ wenig gesättigte Fettsäuren und Cholesterin enthält. Bei Vegetariern kann zwar eine Unterversorgung mit Eiweiß, Eisen, Zink, Vitamin B_{12}, Calcium und Omega-3-Fettsäuren auftreten – dem kann jedoch durch eine abwechslungsreiche Ernährung mit reichlich Obst, Gemüse, Blattgemüse, Vollkornprodukten, Nüssen, Körnern und Hülsenfrüchten vorgebeugt werden.

Wichtige Eiweißlieferanten

Erwachsene sollten im Schnitt täglich 50 Gramm Eiweiß zu sich nehmen. Das ist selbst bei einer vegetarischen Ernährung nicht viel. Getrocknete Hülsenfrüchte, Nüsse, Körner, Sojaprodukte, Blattgemüse, Eier, Käse, Milch, Joghurt und Vollkornprodukte sind reich an Proteinen. Um eine optimale Proteinversorgung zu erreichen und dem Körper die Aminosäuren zuzuführen, die er braucht, sollte man Hülsenfrüchte möglichst mit Vollkorngetreide, Nüssen oder Körnern kombinieren.

SO DECKEN SIE DEN TAGES-
BEDARF AN EIWEISS ÜBER DEN
TAG VERTEILT:

morgens
MÜSLI MIT JOGHURT
(15 G EIWEISS)

mittags
HUMMUS, PITABROT UND SALAT
(15 G EIWEISS)

nach-mittags
BROMBEER-MILCHSHAKE
(10 G EIWEISS)

abends
RICOTTA-GNOCCHI MIT
SAUTIERTEM GRÜNEM GEMÜSE
(15 G EIWEISS)

DER IDEALE TÄGLICHE SPEISEPLAN
EINES VEGETARIERS UMFASST

drei
PORTIONEN STÄRKEHALTIGE NAHRUNGSMITTEL WIE GETREIDE ODER KARTOFFELN

fünf
PORTIONEN (MINDESTENS) OBST UND GEMÜSE

drei
PORTIONEN EIWEISSREICHE NAHRUNGSMITTEL WIE GETROCKNETE HÜLSENFRÜCHTE, TOFU, EIER, NÜSSE UND KÖRNER

zwei
PORTIONEN MILCHPRODUKTE WIE MILCH, KÄSE ODER JOGHURT

drei
PORTIONEN (MAXIMAL) ÖLE UND FETTE ODER ZUCKER

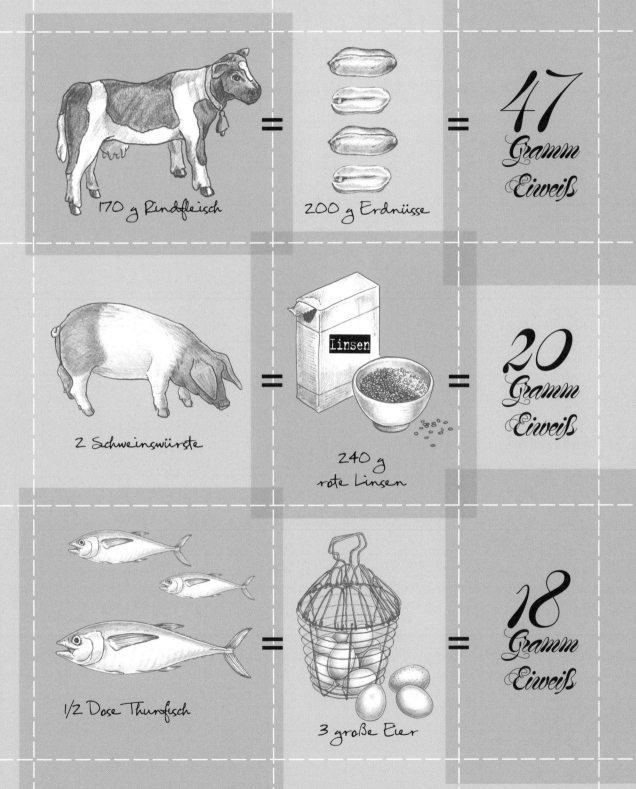

Das entspricht bei fleischloser Kost in etwa dem Eiweißgehalt von Fleisch.

Folgen Sie dem Rhythmus der

Kaufen Sie reife, frisch geerntete Erzeugnisse der Saison aus heimischer Produktion. Nur so können Sie wirklich von den geschmacklichen und ernährungsphysiologischen Vorzügen von

Januar, Februar, März

Grünkohl, Lauch, Rosenkohl (alle aus dem Freilandanbau); Äpfel, Birnen, Feldsalat, Kartoffeln, Kürbis, Möhren, Pastinaken,

April, Mai, Juni

Batviasalat, Blumenkohl, Brokkoli, Chinakohl, Dicke Bohnen, Endivien, Erbsen, Erdbeeren, Fenchel, Freilandrhabarber, Friséesalat, Frühlingszwiebeln, Gurken, Johannisbeeren, Lauch, neue

Juli, August, September

Äpfel, Artischocken, Auberginen, Birnen, Blaubeeren, Blumenkohl, grüne Bohnen, Brokkoli, Brombeeren, Erbsen, Erdbeeren, Fenchel, Friséesalat, Frühlingszwiebeln, Gurken, Himbeeren, neue Kartoffeln, Kirschen, Kopfsalat, Kresse, Kürbis, Lauch, Möhren, Pflaumen,

Oktober, November, Dezember

Äpfel, Birnen, Blumenkohl, grüne Bohnen, Brokkoli, Chicorée, Fenchel, Friséesalat, Frühlingszwiebeln, Kartoffeln, Kopfsalat, Kürbis, Lauch, Möhren, Pastinaken, Quitten, Rosenkohl, Rote

10 Einführung

Jahreszeiten

Gemüse und Obst profitieren. Der folgende Saisonkalender (gültig für Mitteleuropa) soll Ihnen als kleine Hilfestellung dienen.

Rhabarber, Rote Bete, Steckrüben, Weißkohl, Winterrettich, Wirsing, Zwiebeln (alle aus dem geschützten Anbau).

Kartoffeln, Kirschen, Kohlrabi, Kopfsalat, Kresse, Möhren, Morcheln, Rettich und Radieschen, Rucola, Spargel, Spinat, Stachelbeeren, Topinambur, Weiße Rüben, Wirsing, Zucchini.

Rettich und Radieschen, Rote Bete, Rote und Schwarze Johannisbeeren, Rucola, Schalotten, Spinat, Stachelbeeren, Stangensellerie, Tomaten, Waldpilze, Weiße Rüben, Zucchini, Zuckermais.

Bete, Schlehen, Sellerieknollen, Spinat, Staudensellerie, Steckrüben, Topinambur, Waldpilze, Weiße Rüben, Wirsing, Zuckermais, Zwetschgen.

Einführung

Das Who's who der Vegetarier umfasst berühmte Persönlichkeiten aus Kunst, Wissenschaft, Politik und Klerus, und das quer durch die Jahrhunderte. Sollten Sie sich für eine fleischlose Ernährung entschieden haben, befinden Sie sich also in bester Gesellschaft!

Die wichtigsten Zutaten

Pilze und Kräuter

Der ideale Fleischersatz

Essen Sie gerne Fleisch, wollen den Konsum aber ein bisschen einschränken, sind die fleischigen Pilze, vor allem die großen Wiesenchampignons, eine hervorragende Alternative.

Die Qual der Wahl

Ob goldgelbe Pfifferlinge, feine, wohlschmeckende Enokipilze, aromatische braune Champignons oder köstliche Steinpilze – die Auswahl ist riesig. Kosten Sie die Pilzsaison voll aus und seien Sie kreativ! Wenn es Ihnen an Ideen fehlt, braten Sie sie einfach kurz mit etwas Knoblauch und Kräutern in Butter an und genießen Sie sie auf Toast. Einfach wunderbar …

Nicht vergessen:

Kräuter verleihen Speisen erst den richtigen Pfiff, deshalb sollte man sie nicht außer Acht lassen. Besonders aromatische Kräuter wie Rosmarin, Salbei und Lorbeer brauchen eine gewisse Zeit, um ihr Aroma an die übrigen Zutaten abzugeben, und sollten deshalb von Anfang an mitgekocht werden. Zarte Kräuter wie Basilikum, Petersilie oder Koriander dürfen dagegen erst zum Schluss hinzugefügt werden, damit sie ihr Aroma nicht einbüßen.

Gemüse und Obst

Sorgen Sie für Abwechslung

Bei Obst und Gemüse neigt man gelegentlich dazu, am Althergebrachten festzuhalten. Versuchen Sie also, immer wieder einmal etwas Neues auszuprobieren. Das müssen nicht unbedingt »Exoten« sein, auch wenn ich Ihnen diese wärmstens empfehlen kann – vorausgesetzt natürlich, sie haben gerade Saison, stammen aus biologischem Anbau und haben genau die richtige Reife. Nein, das bedeutet lediglich, Sie sollten daran denken, dass man Gemüse nicht nur kochen kann. Verlassen Sie also hin und wieder die eingefahrenen Gleise und probieren Sie etwas Neues aus.

Haben Sie schon einmal versucht …

… Gemüse mit gerösteten Samen zu bestreuen oder mit einem Hauch aromatisierter Butter zu verfeinern? Jedes Gericht lässt sich so im Handumdrehen in eine kleine Delikatesse verwandeln. Erweitern Sie Ihr Wissen über die Produkte, die Sie verwenden. Die typischen Eigenschaften der vielen verschiedenen Blattsalate beispielsweise wird man nicht kennenlernen, wenn man sie als fertig abgepackte Salatmischung kauft.

Zwei, an denen man nicht vorbeikommt

Die herrliche Zwiebel und ihr Verwandter, der Knoblauch, bilden die Seele der vegetarischen Küche, vor allem, wenn man sie in etwas Öl oder Butter langsam in der Pfanne anschwitzt oder bei geringer Hitze im Backofen röstet. Ganz zu schweigen von den eingelegten Zwiebeln, die so wunderbar zu einem pikanten Käse oder auf einer einfachen Scheibe Brot schmecken.

Das Tüpfelchen auf dem i

Was in Ihrer Speisekammer keinesfalls fehlen darf, sind Zitronen. Denn ob pikant oder süß, ein Spritzer Zitronensaft oder ein Hauch Zitronenschale verleiht (fast) jedem Gericht das gewisse Etwas und hebt den Geschmack.

Die Juwelen der vegetarischen Küche

Ob weiß, cremefarben oder grau, ob rosa gefleckt oder leuchtend rot – Bohnen, Linsen, Erbsen, und wie sie sonst noch alle heißen, sind einfach etwas Wunderbares und obendrein sehr gesund. Sie sind ausgesprochen fettarm, aber reich an Eiweiß und Nährstoffen, insbesondere B-Vitaminen, Eisen und Calcium. Kurz: Hülsenfrüchte muss man einfach mögen.

Ein Kinderspiel

Hülsenfrüchte kochen – nichts einfacher als das! Getrocknete Linsen und Erbsen müssen nicht eingeweicht werden, getrocknete Bohnenkerne sollten 8–12 Stunden einweichen. Geben Sie sie – am besten vor dem Zubettgehen – in eine Schüssel und bedecken Sie sie mit Wasser, dann können sie am nächsten Morgen gekocht werden. Sollten Sie das Einweichen einmal vergessen, die Bohnen mit Wasser bedecken, einige Minuten sprudelnd kochen lassen und vor dem Kochen 2 Stunden ruhen lassen. Das Kochwasser nicht salzen, sonst werden die Häutchen, von denen die Hülsenfrüchte umschlossen sind, hart.

Kleine Delikatessen

Kocht man aromatische Kräuter oder aromatisches Gemüse mit, wird der Geschmack der Hülsenfrüchte auf angenehme Weise unterstrichen. Die Hülsenfrüchte können nach dem Kochen zu einem feinen Püree verarbeitet werden, Sie können kleine Puffer daraus backen oder Salate und Eintöpfe damit anreichern. Köstlich schmecken sie auch, wenn man sie mit einem aromatisierten Öl beträufelt oder mit Kräutern und Gewürzen verfeinert.

Hülsenfrüchte

Nüsse, Samen und Öle

Echte Multitalente

Nüsse und Samen sind ausgesprochen vielseitig. Man kann sie rösten, mahlen, in Öl marinieren, man kann Butter damit verfeinern oder »Milch« daraus gewinnen, man kann sie im Ganzen oder als Keimlinge verwenden. Sie verwandeln selbst einfachste Speisen in ein Festessen und verleihen Suppen, Eintopf- und Gemüsegerichten Biss und Geschmack.

Klein, aber oho

Obwohl sie so klein sind, sind Samen und Nüsse regelrechte Nährstoffbomben. Sie sind reich an Ballaststoffen und Nährstoffen und außerdem hervorragende Eiweißlieferanten. Man weiß inzwischen, dass die in Nüssen enthaltenen Fette zum Großteil aus einfach oder mehrfach ungesättigten Fettsäuren bestehen. Deshalb finden sie auch vor den Augen der Ernährungswissenschaftler Gnade. Dennoch sollte man sie nur in Maßen genießen. Schon eine kleine Menge reicht aus, um einem Gericht Substanz zu verleihen.

Wussten Sie schon …

… dass sich Öle aus Nüssen und Samen hervorragend zum Verfeinern von gedämpftem Gemüse eignen (das Öl erst am Ende der Garzeit hinzufügen, damit der Geschmack nicht verfälscht wird)? Öle stets lichtgeschützt aufbewahren, damit sie frisch bleiben. Und wussten Sie auch, dass man aus Cashewkernen, Mandeln, Macadamianüssen, Haselnüssen und Pekannüssen eine wunderbar cremige »Butter« herstellen kann?

Reis und Getreide

Gesunde Sattmacher
Reis und Getreide sind preiswert, schmecken gut und sind nahrhaft und sättigend. Sie bilden die Grundlage der verschiedensten Gerichte, und man stellt daraus so unterschiedliche Erzeugnisse wie Spirituosen, Milch, Teige und Nudeln her.

Welcher Reis wofür?
Die gängigsten Reissorten sind Lang-, Rund- und Mittelkornreis. Der feine, zarte Langkornreis verklebt nach dem Kochen nicht, sondern bleibt schön körnig. Er eignet sich am besten für Currys und Gerichte mit Saucen. Mittel- und Rundkornreis haben einen höheren Stärkegehalt, und die Körner verkleben nach dem Kochen. Mittelkornreis verwendet man für Paella, Rundkornreis für cremige Desserts und Risottos.

Gehen Sie auf Entdeckungsreise
Vollkorn- und Wildreis (er gehört zwar wie der Reis zur botanischen Familie der Gräser, es handelt sich hier aber um eine Wasserpflanze) sind etwas schwieriger zu kochen als weißer Reis, aber der Aufwand lohnt sich. Ergänzen Sie Ihre Vorräte doch einmal um ein paar weniger alltägliche Produkte wie Couscous, Quinoa, Graupen oder Bulgur.

Die richtige Aufbewahrung
Die Empfehlung, Reis und andere Getreideprodukte luftdicht verschlossen aufzubewahren, dient nicht nur der Sauberkeit, sondern man verhindert auf diese Weise vor allem, dass sie ranzig werden. Gekochten Reis oder gekochtes Getreide entweder sofort servieren oder spätestens 1 Stunde nach dem Kochen in den Kühlschrank stellen. So haben schädliche Keime keine Chance sich zu vermehren.

Milchprodukte und Eier

Cremige Genüsse

Milch, Butter, Sahne, Käse und Joghurt sind die Grundzutaten von Süßspeisen und Gebäck, spielen aber auch in der vegetarischen Küche eine wichtige Rolle. Etwas Sahne in einer Suppe, ein Stückchen Butter in einer Sauce, ein paar Käsespäne über einen Salat gehobelt – all dies hebt den Geschmack eines einfachen Gerichts. Und bei einer Kugel Burrata oder im Ofen geschmolzenem Ricotta bleibt auch kein Fleischesser hungrig.

Käse – die große Vielfalt

Manche Käsesorten schmecken am besten, wenn man sie einfach so genießt. Andere schmecken geschmolzen noch besser. Übrigens kann man Käse auch selbst aus Joghurt machen. Wie's geht, erfahren Sie in diesem Buch. Einige der hier verwendeten Käse, insbesondere der Parmesan, werden mit tierischem Lab hergestellt. Für strenge Vegetarier gibt es aber auch Käse, die mit pflanzlichen Ersatzstoffen hergestellt werden.

Eier mögen's nicht zu heiß

Eier verleihen fleischlosen Gerichten Substanz, denn sie sind reich an Proteinen und deshalb sättigend. Allzu große Hitze vertragen sie allerdings nicht so gut. Kochen Sie sie also nicht zu lange und bei zu hohen Temperaturen. Und das gilt nicht nur für Ihr Frühstücksei. Wenn Ihre Eier nach etwas schmecken sollen, einen leuchtend gelben Dotter und ein dickes Eiweiß haben sollen, kaufen Sie am besten Bio-Eier.

Einführung

Frühstück & Brunch

Erstes Kapitel

Die leicht süße Mandelmilch kann auch durch eine andere Nussmilch ersetzt werden, passt aber besonders gut zu diesen Haferflocken, die man kalt und – im Winter sehr zu empfehlen – warm genießen kann.

Haferflocken mit Mandelmilch und Ahornsirup

FÜR 4 PERSONEN
ZUBEREITUNG: 10 MINUTEN
EINWEICHZEIT: 1 NACHT
KOCHZEIT: 5 MINUTEN

200 g Haferflocken

½ kleine Zimtstange

500 ml frische ungesüßte Mandelmilch (Seite 28–29)

50 g Datteln, entsteint und gehackt

50 g Mandelblättchen, leicht geröstet

Ahornsirup

Die Haferflocken mit der Zimtstange in der Hälfte der Milch einweichen und über Nacht in den Kühlschrank stellen. Die Haferflocken sind danach so weich, dass sie nicht mehr gekocht werden müssen und so, wie sie sind, mit den Datteln, den Mandelblättchen und etwas Ahornsirup serviert werden können.

Wollen Sie sie warm essen, die Haferflocken mit der restlichen Mandelmilch einige Minuten bei geringer Hitze in einem Topf erhitzen und dabei laufend umrühren, bis sie dick und cremig sind. Sind sie zu dick, etwas Wasser hinzufügen.

Die Zimtstange herausnehmen, die Haferflocken auf vorgewärmte Schalen verteilen, mit Datteln und Mandelblättchen bestreuen und mit Ahornsirup beträufeln.

Frühstück & Brunch

Ob zum Frühstück oder zum Brunch, ob als Mittag- oder Abendessen – diese kleinen Leckerbissen, eine Spezialität aus Neukaledonien, kann man eigentlich zu jeder Tageszeit genießen. Am allerbesten schmeckt es, wenn Sie dazu noch ein leicht gesüßtes Paprikakompott reichen.

Gebackener Ricotta mit Avocado

FÜR 4 PERSONEN
ZUBEREITUNG: 15 MINUTEN
BACKZEIT: 20–25 MINUTEN

500 g Ricotta, abgetropft

2 EL geriebener Pecorino oder Parmesan

1 rote Chilischote, die Samen entfernt und fein gehackt

2 EL fein geschnittenes Basilikum

2 Eier, verquirlt

Salz, Pfeffer

Olivenöl

4 dicke Scheiben Sauerteigbrot, geröstet

2 reife Avocados, halbiert, die Kerne entfernt und in Scheiben geschnitten

1 Bund Rucola

Paprikakompott (Seite 242) zum Servieren

Den Backofen auf 190 °C vorheizen. Den Ricotta mit dem Schneebesen kräftig mit dem geriebenen Käse, Chilischote, Basilikum und den Eiern verrühren. Pfeffern und maßvoll salzen.

Vier Auflaufförmchen (180 ml Fassungsvermögen) oder eine kleine Gratinform leicht mit Öl einfetten, die Ricottamischung einfüllen und 20 Minuten (bei einer Gratinform 25 Minuten) in den Ofen schieben. Anschließend kurz ruhen lassen, den Ricotta mit einem Messer von den Wänden lösen und aus der Form stürzen.

Die Brote damit bestreichen, etwas Olivenöl darüberträufeln und mit Avocadoscheiben, Rucola und etwas Paprikakompott garnieren.

Frühstück & Brunch

Die Haferflocken sollten schon am Vorabend in der Milch eingeweicht werden. Statt Kuhmilch können Sie auch Nuss- oder Sojamilch nehmen, und der Agavensirup kann durch einen milden Honig oder verdünnten Fruchtsaft ersetzt werden.

Müsli mit Birnen und Walnüssen

FÜR 2 PERSONEN
EINWEICHZEIT: 1 NACHT
ZUBEREITUNG: 10 MINUTEN

2 feste Birnen, grob geraspelt

Zitronensaft

120 g Haferflocken

2 EL gemischte Körner

2 EL gehackte Walnusskerne

1 EL Agavensirup oder flüssiger Honig

100 ml frischer Birnen- oder Apfelsaft

100 ml Milch oder Wasser

2 EL Naturjoghurt

einige Walnusskerne und einige Birnenspalten zum Servieren

Am Vorabend die geraspelten Birnen mit etwas Zitronensaft vermischen, damit sie sich nicht verfärben. Haferflocken, Körner, 1 Esslöffel gehackte Walnusskerne, den Sirup, den Saft und die Milch dazugeben und die Zutaten gut verrühren. Das Müsli abdecken und über Nacht in den Kühlschrank stellen.

Am nächsten Morgen 1 reichlichen Esslöffel Joghurt und die restlichen gehackten Walnusskerne hinzufügen. Das Müsli in zwei Schalen anrichten und den restlichen Joghurt, einige Walnusskerne und ein paar Birnenspalten dazugeben.

Frühstück & Brunch

Aus Nüssen oder Körnern selbst gemachte Milch ist ein besonderer Genuss. Im Kühlschrank hält sie sich 3 Tage. Damit die Flüssigkeit schön glatt und cremig wird, unmittelbar vor dem Mixen etwas heißes Wasser und Leinsamen hinzufügen.

Selbst gemachte Nussmilch

1. Schritt

100 g Körner oder Nusskerne (siehe Seite 29 oben) in reichlich kaltem Wasser einweichen und das Ganze mindestens 8 Stunden, am besten über Nacht, kalt stellen. Die Körner und die Nüsse werden dadurch weich und quellen auf.

2. Schritt

Ist die Milch für ein besonders feines Gericht bestimmt oder soll sie besonders glatt sein, die Häutchen, die sich beim Einweichen nicht abgelöst haben, entfernen. Bei Mandeln geht das besonders einfach. Man muss sie lediglich überbrühen, die Häutchen mit einem Messer einschneiden und die Mandel herausdrücken. Andere Nüsse, insbesondere Walnüsse und Pekannüsse, in ein sauberes Geschirrtuch geben und kräftig gegeneinanderreiben, damit sich die Häutchen möglichst vollständig ablösen.

3. Schritt

Die Nüsse oder die Körner mit 450 ml heißem Wasser in den Mixer geben, 1 Esslöffel geschroteten Leinsamen hinzufügen (nach Belieben) und das Ganze 2 Minuten auf höchster Stufe verquirlen, bis die Mischung schön glatt ist.

Aus ungerösteten Pekannüssen, Mandeln, Kürbiskernen, Sesamkörnern, Erdnüssen, Cashewkernen, Sonnenblumenkernen, Macadamianüssen, Haselnüssen und Pistazien (alles möglichst aus biologischem Anbau) – einzeln oder gemischt – lässt sich hervorragend schmackhafte Milch gewinnen.

5. Schritt

Das Musselintuch zum Schluss zusammendrehen und gut ausdrücken, um die Flüssigkeit möglichst vollständig herauszupressen.

6. Schritt

Die Milch nach Belieben noch mit 1 oder 2 Esslöffeln Ahornsirup, Honig oder Rohrzucker süßen oder ein paar entsteinte Datteln hinzufügen. Die Milch dazu noch einmal im sauberen Mixer mit der entsprechenden Zutat verrühren. Wollen Sie die Milch für ein Dessert, einen Smoothie oder Milchshake verwenden, sollten Sie sie nicht süßen. Sie kann außerdem noch mit Vanillemark, Zimt, Muskat oder Kakao aromatisiert und mit Wasser verdünnt werden. Nussmilch schmeckt warm und eisgekühlt.

4. Schritt

Damit die Nussmilch frei von Klümpchen ist, ein Haarsieb mit 2 Lagen Musselintuch auslegen, das Sieb über einer Schüssel einhängen und die Milch langsam durch das Sieb seihen.

Selbst gemachte Nussmilch 29

Es müssen nicht immer Frühstücksflocken sein! Für diese leckeren, zarten Panini müssen Sie gerade mal 15 Minuten investieren. Und man kann sie – am besten in Alufolie verpackt, damit sie warm bleiben – sogar zur Arbeit oder in die Schule mitnehmen.

Panini mit Ziegenkäse und gegrillten Tomaten

ERGIBT 2 STÜCK
ZUBEREITUNG: 15 MINUTEN
KOCHZEIT: 5 MINUTEN

2 Ciabattabrötchen

1 große Tomate, in 5 mm dicke Scheiben geschnitten

75 g Ziegenfrischkäse

3 Stängel Estragon, die Blätter abgezupft

Olivenöl

Die Brötchen halbieren. Sehr dicke Brötchen in 3 Scheiben schneiden und nur die beiden äußeren verwenden (die mittleren Scheiben lassen sich zu Semmelbröseln verarbeiten).

Eine beschichtete Pfanne bei starker Hitze sehr heiß werden lassen und die Tomaten (die äußeren Scheiben mit der Schnittfläche nach unten in die Pfanne legen) bei starker Hitze grillen. Die Scheiben dabei nicht wenden. Die Wärmezufuhr verringern und die Scheiben noch etwa 1 Minute grillen. Anschließend mit einem Pfannenwender aus der Pfanne nehmen und beiseitestellen.

Ziegenkäse und Estragonblätter kräftig mit dem Schneebesen verrühren und jeweils eine Brötchenhälfte damit bestreichen. Die Tomatenscheiben darauf verteilen, die zweite Brötchenhälfte daraufsetzen, fest zusammendrücken und mit etwas Olivenöl bepinseln.

Die Brötchen anschließend im Sandwicheisen oder in einer Grillpfanne rösten. Wenn Sie ein Sandwicheisen verwenden, die Brötchen auf die heiße Platte legen, das Eisen schließen und die Brötchen nach Gebrauchsanweisung, mindestens aber 2 Minuten rösten. Oder die Panini in die sehr heiße Grillpfanne legen, mit einer zweiten schweren Pfanne beschweren, um sie zusammenzupressen, und 1–2 Minuten bei mittlerer Hitze rösten. Anschließend wenden, erneut mit der zweiten Pfanne beschweren und die Panini noch 1 Minute auf der anderen Seite rösten. Die Panini heiß genießen.

Frühstück & Brunch

Figurfreundlich ist er zwar nicht gerade, aber er schmeckt einfach herrlich: Bereiten Sie den Brombeer-Milchshake mit tiefgekühltem Natur-, Vanille- oder Fruchtjoghurt zu. Oder ersetzen Sie – wenn Sie sich besonders verwöhnen wollen – den Joghurt durch 1 Löffel Vanilleeis und den Honig durch 2 Teelöffel Zucker. Die Leinsamen dienen als Emulgator.

Brombeer-Milchshake
Mango-Smoothie mit Cashewkernen

ERGIBT JE 2 GLÄSER
EINWEICHZEIT FÜR DEN SMOOTHIE: 1 NACHT
ZUBEREITUNG: 20 MINUTEN

FÜR DEN MILCHSHAKE:

1 Vanilleschote

300 g frische oder tiefgekühlte Brombeeren

1 großer Löffel flüssiger Honig

2 gehäufte EL tiefgekühlter Joghurt

400 ml eiskalte Milch

FÜR DEN SMOOTHIE:

100 g ungesalzene Cashewkerne

300 ml eiskaltes Wasser

1 reife Mango, klein geschnitten

1 kleine Banane, in Scheiben geschnitten

3 Eiswürfel, zerstoßen

1 EL Leinsamen, leicht angeröstet

1 EL Haferflocken

Brombeer-Milchshake

Die Vanilleschote aufschlitzen und das Mark über dem Mixer mit einem spitzen Messer herauskratzen (die leere Schote zum Aromatisieren von Zucker verwenden). Die übrigen Zutaten dazugeben und verquirlen. Den Milchshake sofort auf zwei Gläser verteilen. Das war's!

Mango-Smoothie mit Cashewkernen

Die Cashewkerne über Nacht in reichlich kaltem Wasser einweichen. Am nächsten Morgen das Wasser abgießen und die Cashewkerne mit 100 ml eiskaltem Wasser im Mixer zu einer Paste verrühren. Bei laufendem Motor 200 ml eiskaltes Wasser hinzufügen und das Ganze nochmals 2 Minuten verrühren, bis die Mischung milchig, sämig und glatt ist. Die übrigen Zutaten hinzufügen und 1 Minute glatt rühren. Den Smoothie auf zwei Gläser verteilen und sofort genießen.

Bereiten Sie am besten gleich eine größere Menge dieser knusprigen Müslimischung vor. Am leckersten schmeckt sie mit einem Kompott aus Früchten der Saison. Das Nonplusultra ist allerdings ein mit Vanille aromatisiertes Rhabarberkompott.

Knuspermüsli mit Honig und Kürbiskernen

ERGIBT 12 PORTIONEN
ZUBEREITUNG: 10 MINUTEN
RÖSTZEIT: 30 MINUTEN

- 500 g Haferflocken
- 2 EL Weizenkleie (nach Belieben)
- 100 g Kürbiskerne
- 50 g Sonnenblumenkerne
- 50 g Sesamsamen
- 50 g Kokosraspel (ungezuckert)
- 100 ml Kürbiskern- oder Sonnenblumenöl
- 120 g milder flüssiger Honig
- Naturjoghurt und/oder Milch zum Servieren

Den Backofen auf 150 °C vorheizen. Zwei Backbleche mit Backpapier auslegen. Die Zutaten (bis auf den Joghurt) in einer großen Schüssel mit dem Öl und dem Honig mischen, bis sie beides vollständig aufgesogen haben. Die Mischung auf den Blechen verteilen und etwa 30 Minuten im Backofen rösten. Dabei dreimal umrühren. Das Müsli sollte anschließend eine schöne goldbraune Farbe haben und ein angenehmes Röstaroma verströmen. Abkühlen lassen, in ein großes Schraubglas füllen und verschließen. Das Müsli in Schalen mit Joghurt und/oder Milch und nach Belieben noch mit etwas Kompott oder klein geschnittenem Obst servieren.

VARIATIONEN

Aprikosen und Mandeln

Den Honig und das Kürbiskernöl durch Ahornsirup und Mandelöl, die Kürbiskerne durch gehackte Mandeln und die Kokosraspel durch 100 g gehackte, getrocknete Aprikosen ersetzen. Die Aprikosen erst in den letzten 10 Minuten mit in den Backofen geben.

Kirschen und Kokosnuss

Insgesamt 125 g Kokosraspel und Sonnenblumenöl nehmen. Kürbis- und Sonnenblumenkerne durch 100 g gehackte Pistazien ersetzen und noch 100 g getrocknete Kirschen hinzufügen. Die Kirschen erst in den letzten 10 Minuten mit in den Backofen geben.

Schokolade und Feigen

Den Honig durch Agavensirup und die Körner durch 100 g Mandelblättchen ersetzen. 100 g klein geschnittene, getrocknete Feigen hinzufügen (die Feigen erst in den letzten 10 Minuten mit in den Backofen geben). Wenn die Müslimischung abgekühlt ist, 100 g gehackte Zartbitterschokolade hinzufügen. Das Müsli mit kalter Milch genießen.

Frühstück & Brunch

Normalerweise kaufen Sie Ihren Joghurt vermutlich im Supermarkt oder im Bioladen. Man kann ihn aber ganz leicht auch selbst machen. Achten Sie bei der Zubereitung auf absolute Sauberkeit, damit sich keine schädlichen Keime ausbreiten.

Selbst gemachter Joghurt

1. Schritt

500 ml Milch (je nachdem wie dick der Joghurt werden soll, 1,5 oder 0,3 % Fettgehalt) in einem Stieltopf aufkochen.

2. Schritt

Den Topf vom Herd nehmen und die Milch abkühlen lassen, bis sie etwa 45 °C hat. Wenn Sie kein Kochthermometer besitzen, die Temperatur mit dem Finger prüfen. Die Milch hat die richtige Temperatur, wenn Sie den Finger 10 Sekunden lang hineintauchen können.

3. Schritt

Hat sich auf der Milch eine Haut gebildet, die Haut entfernen. 2 Esslöffel Milch in einer kleinen Schüssel mit 1 gehäuften Esslöffel Joghurt (er enthält die Milchsäurebakterien, die notwendig sind, damit aus Milch Joghurt wird) verrühren. Sie können dazu einen gekauften oder einen Rest selbst gemachten Joghurt nehmen.

36 *Selbst gemachter Joghurt*

Frische Milch

Für den selbst gemachten Joghurt eignet sich sowohl Vollmilch als auch entrahmte Milch. Mit Vollmilch wird er allerdings dicker. Joghurt ist ein gesunder Eiweiß-, Calcium- und Magnesiumlieferant und die in Joghurt enthaltene Milchsäure fördert die Verdauung.

Verrühren

4. Schritt

Den mit der Milch angerührten Joghurt zur restlichen Milch geben und das Ganze gut verrühren.

Warme Milch-Joghurt-Mischung

5. Schritt

Die warme Milchmischung in ein sauberes, luftdicht verschließbares Gefäß, z. B. eine Tupperdose, füllen.

8 Stunden

6. Schritt

Das Gefäß verschließen und mit einem Geschirrtuch oder Handtuch umwickeln. Den Joghurt so 8 Stunden an einem warmen Ort ruhen lassen. Anschließend in den Kühlschrank stellen, um die Milchsäuregärung zu stoppen. Den Joghurt binnen 1 Woche aufbrauchen. Der frische Joghurt kann bei der nächsten Zubereitung als Gärstoff verwendet werden.

Vorspeisen & kleine Gerichte

Zweites Kapitel

Käse verleiht diesen kleinen, zarten Leckerbissen eine pikante Note. Wer den etwas erdigen Geschmack des Mangolds nicht mag, kann ihn durch 150 g gedünsteten Spinat ersetzen.

Mini-Muffins mit Mangold und Brie

ERGIBT 12–24 STÜCK
ZUBEREITUNG: 20 MINUTEN
BACKZEIT: 15 MINUTEN

25 g Butter, zerlassen + Butter für die Form

150 g Mangoldblätter, gewaschen und gehackt, die Stiele beiseitelegen

190 g Mehl

1 TL Backpulver

2 EL geriebener Parmesan

1 Prise Salz

1 gehäufte Msp. frisch geriebene Muskatnuss

175 ml Milch

1 kleines Ei, verquirlt

75 g Brie oder Camembert, klein geschnitten

Den Backofen auf 190 °C vorheizen. Eine Muffinform mit 12 Vertiefungen oder eine Mini-Muffinform mit 24 Vertiefungen leicht mit Butter einfetten oder die Vertiefungen mit Pralinenförmchen auskleiden.

Die Mangoldstiele klein schneiden und 4 Minuten dämpfen. Die Blätter dazugeben und noch 1 Minute dämpfen. Den Mangold anschließend in einem sauberen Geschirrtuch gut ausdrücken.

Das Mehl mit Backpulver, 1 Esslöffel Parmesan, Salz und Muskat mischen. In einer zweiten Schüssel die Milch mit dem Ei und der zerlassenen Butter verquirlen und anschließend mit der Mehlmischung verrühren. Mangold und Käse dazugeben und die Zutaten mit dem Schneebesen vermengen. Nicht zu kräftig rühren, damit die Muffins nicht zu weich werden. Der Teig darf ruhig ein paar Klümpchen enthalten.

Den Teig in die Vertiefungen der Form füllen, den restlichen Parmesan darüberstreuen und die Muffins 15 Minuten backen, bis sie aufgegangen und schön goldbraun sind. Die Muffins frisch aus dem Ofen genießen oder auf einem Kuchengitter abkühlen lassen.

Vorspeisen & kleine Gerichte

Falafel sind im Allgemeinen ziemlich gehaltvoll, vor allem, wenn sie frittiert wurden. Ganz anders diese Falafel. Der Butternusskürbis harmoniert vorzüglich mit den Gewürzen und den Kichererbsen, und die Falafel werden lockerer und schmackhafter.

Butternusskürbis-Falafel mit Gurken-Joghurt-Dip

ERGIBT ETWA 16 STÜCK
ZUBEREITUNG: 20 MINUTEN
RUHEZEIT: 30 MINUTEN
KOCH- UND BACKZEIT: 50 MINUTEN

FÜR DIE FALAFEL:

500 g Butternusskürbis, die Kerne entfernt und in Stücke geschnitten

2 EL Olivenöl

Salz, Pfeffer

1 Dose (400 g) Kichererbsen, abgetropft

2 Knoblauchzehen, grob gehackt

½ TL Backnatron

1 kleines Bund Petersilie, die Blätter abgezupft und fein geschnitten

1 kleines Bund Koriandergrün, die Blätter abgezupft und fein geschnitten

1 TL gemahlener Koriander

1 TL gemahlener Kreuzkümmel

FÜR DEN JOGHURT:

½ Salatgurke, geschält, die Kerne entfernt und geraspelt

300 g griechischer Joghurt

1 EL Zitronensaft

Salz, Pfeffer

Den Backofen auf 200 °C vorheizen. Die Kürbisstücke mit 1 Esslöffel Olivenöl bepinseln, kräftig mit Salz und Pfeffer würzen, auf einem Backblech verteilen und etwa 35 Minuten in den Backofen schieben, bis sie sehr weich und karamellisiert sind. Anschließend herausnehmen und abkühlen lassen.

Die Kichererbsen mit Knoblauch, Backnatron, den Kräutern und Gewürzen im Mixer zu einer groben Paste verrühren. Den Motor dabei gelegentlich ausschalten und die Wände mit einem Teigschaber säubern. Die Mischung in eine große Schüssel füllen und kräftig mit Salz und Pfeffer würzen.

Die Kürbisstücke etwas mit einer Gabel zerdrücken, mit der Kichererbsenmischung vermengen und 30 Minuten im Kühlschrank ruhen lassen.

Ein Backblech mit Backpapier auslegen, mit einem Esslöffel Klößchen vom Teig abstechen und in ausreichendem Abstand auf dem Blech verteilen. Mit dem restlichen Olivenöl beträufeln und die Falafel 15–20 Minuten im 200 °C heißen Backofen backen, bis sie oben schön angebräunt sind.

Für den Joghurt die Gurkenraspel in ein feines Sieb geben, mit Salz bestreuen und 20 Minuten Wasser ziehen lassen. Anschließend gründlich abspülen und in einem sauberen Geschirrtuch ausdrücken. Mit dem Joghurt und dem Zitronensaft mischen und mit Salz und Pfeffer abschmecken. Den Joghurt zu den Falafeln servieren. Eine sättigende Mahlzeit erhalten Sie, wenn Sie noch etwas Fladenbrot und einen Salat dazu reichen.

Vorspeisen & kleine Gerichte

Schwarzen Essig bekommen Sie im Asialaden. Ersatzweise nehmen Sie 2 Esslöffel Reisessig. Die Zubereitung der kleinen Teigtaschen mag zwar am Anfang etwas schwierig erscheinen, haben Sie den Bogen aber einmal heraus, geht es fast wie von selbst. Und wenn Sie sie erst einmal probiert haben, werden Sie feststellen, dass sich die Mühe gelohnt hat.

Wirsing-Shiitake-Teigtaschen mit schwarzer Essigsauce

ERGIBT ETWA 36 STÜCK
ZUBEREITUNG: 20 MINUTEN
KOCHZEIT: 25 MINUTEN

FÜR DIE SAUCE:

4 EL Sojasauce

3 EL schwarzer chinesischer Essig (ersatzweise Reisessig mit 1 Prise Farinzucker verrührt)

1 TL Zucker

2 EL Chiliöl

FÜR DIE TEIGTASCHEN:

100 g Wirsing, in sehr feine Streifen geschnitten

3 EL neutrales Öl

2 Knoblauchzehen, durchgepresst

4 cm Ingwerwurzel, fein gehackt

150 g Shiitakepilze, fein gehackt

3 Frühlingszwiebeln, fein geschnitten

3 Möhren, geraspelt

1 großes Bund Koriandergrün, fein geschnitten

1 kräftige Prise Salz

1 TL weißer Pfeffer

1 EL Sojasauce

1 TL Sesamöl

36 kleine runde Wan-Tan-Blätter

Die Saucenzutaten verrühren und die Sauce beiseitestellen.

Die Wirsingstreifen fein hacken. 1 Esslöffel Öl bei mittlerer Hitze im Wok heiß werden lassen. Knoblauch und Ingwer hinzufügen und etwa 1 Minute unter Rühren anbraten. Wirsing, Pilze, Frühlingszwiebeln und Möhren dazugeben und etwa 5 Minuten unter Rühren anbraten, bis das Gemüse weich und die Flüssigkeit verdunstet ist.

Den Wok vom Herd nehmen, die Mischung mit Koriandergrün, Salz und Pfeffer, Sojasauce und Sesamöl abschmecken und etwas abkühlen lassen.

Jeweils 2 Teelöffel der Gemüsemischung auf jedes Wan-Tan-Blatt setzen, die Ränder mit Wasser bepinseln und über der Füllung verschließen. Die Ränder gut andrücken und die fertigen Teigtaschen sofort mit der Naht nach oben auf ein mit Backpapier ausgelegtes Backblech setzen und mit einem feuchten Geschirrtuch abdecken.

In einer großen beschichteten Pfanne 1 Esslöffel Öl bei mittlerer Hitze heiß werden lassen, die Hälfte der Teigtaschen mit der Naht nach oben in die Pfanne setzen und etwa 2 Minuten braten, bis sie unten schön angebräunt sind. 200 ml Wasser angießen, aufkochen lassen und die Wärmezufuhr danach verringern. Den Deckel auflegen und die Teigtaschen etwa 8 Minuten köcheln lassen, bis das Wasser verdunstet ist. Sofort mit der Sauce servieren und anschließend die restlichen Teigtaschen zubereiten.

Vorspeisen & kleine Gerichte

Panelle, in der Pfanne goldbraun ausgebackene Fladen aus Kichererbsenmehl, sind eine italienische Spezialität. Man isst sie mit den gleichen Beilagen wie eine Polenta. Die Caponata ist bis zu 2 Wochen haltbar.

Panelle mit Caponata

ERGIBT ETWA 25 STÜCK
ZUBEREITUNG: 25 MINUTEN
ABKÜHLZEIT: 30 MINUTEN
KOCHZEIT: 50 MINUTEN

FÜR DIE CAPONATA:

2 mittelgroße Tomaten

100 ml Olivenöl

2 Auberginen, in Würfel geschnitten

1 rote Zwiebel, fein geschnitten

2 Stangen Sellerie, fein geschnitten

50 g grüne Oliven, entsteint und halbiert

2 EL Weißweinessig

2 EL Zucker

2 EL Pinienkerne, leicht geröstet

Salz, Pfeffer

FÜR DIE PANELLE:

4 EL Olivenöl

150 g Kichererbsenmehl

einige Stängel Petersilie

Die Tomaten am Stielansatz kreuzweise einritzen, mit kochendem Wasser überbrühen und 1 Minute ruhen lassen. Abgießen, enthäuten und klein schneiden.

75 ml Öl in einer großen Bratpfanne erhitzen und die Auberginenwürfel unter Rühren rundherum goldbraun anbraten. Anschließend auf einen Teller geben und beiseitestellen. Die Wärmezufuhr verringern, das restliche Öl in der Pfanne erhitzen und die Zwiebel anschwitzen, bis sie Farbe annimmt. Den Sellerie hinzufügen und 1 Minute anbraten. Tomaten, Oliven, Essig, Zucker, Pinienkerne und Auberginen dazugeben und das Ganze 15 Minuten bei geringer Hitze köcheln lassen. Anschließend auf Zimmertemperatur abkühlen lassen und mit Salz und Pfeffer abschmecken.

Für die Panelle 400 ml Wasser mit 1 Esslöffel Olivenöl in der Pfanne erhitzen. Das Kichererbsenmehl einrieseln lassen und dabei laufend mit dem Schneebesen rühren. Bei mittlerer Hitze heiß werden lassen und ständig mit einem Kochlöffel umrühren, bis die Mischung eindickt (das dauert etwa 20 Minuten). Ein Stück Backpapier auf ein Küchenbrett legen und die Masse etwa 1 cm dick darauf verstreichen.

Sobald der Teig kalt und fest ist, die Panelle in Quadrate oder Rauten schneiden und in der Pfanne im restlichen Olivenöl braten, bis sie auf beiden Seiten goldbraun und knusprig sind. Mit etwas Caponata garnieren, mit Petersilie verzieren und servieren.

Wenn Sie Zweifel haben, dass Ihnen die Käsekugeln perfekt gelingen, drücken Sie sie einfach etwas mit einer Gabel flach, beträufeln sie anschließend mit Olivenöl und servieren sie mit einem knusprigen Fladenbrot.

Käsekugeln mit gerösteter Paprikaschote

ERGIBT ETWA 30 STÜCK
ZUBEREITUNG: 15 MINUTEN

2 rote Paprikaschoten, in Olivenöl geröstet, abgetropft und gehackt

250 g Ziegenfrischkäse, Schichtkäse oder Labneh (Seite 50)

2 EL Koriandersamen, geröstet und zerstoßen

1 TL geschroteter schwarzer Pfeffer

4 EL fein geschnittene Korianderblätter

1 Prise Salz

Olivenöl zum Konservieren (nach Belieben)

Die Paprikaschoten unter den Käse mischen. Jeweils 1 gehäuften Teelöffel Käse abstechen und zu Kugeln formen.

Die Koriandersamen in einer Schüssel mit Pfeffer, Koriandergrün und Salz mischen, auf einem großen Teller verteilen und die Käsekugeln darin wenden.

Die Käsekugeln mit knusprigem Fladenbrot servieren oder in ein Schraubglas füllen und mit Olivenöl bedecken. Die Käsekugeln können so 2 Wochen im Kühlschrank aufbewahrt werden.

Vorspeisen & kleine Gerichte

Labneh, orientalischer Frischkäse, ist ein schmackhaftes, wandelbares und vielseitig verwendbares Milchprodukt, das man ganz einfach selbst herstellen kann. Bevor man es – in einem Salat oder auf frischem Brot – genießt, muss es 1 Tag stehen. Mit Öl bedeckt, ist es im Kühlschrank 2 Wochen haltbar.

Selbst gemachtes Labneh

2. Schritt

500 g Naturjoghurt mit ½ Teelöffel Salz (oder 3 Esslöffel Zucker für die süße Variante) verrühren. Den Joghurt nach Belieben noch mit Zitrusschale, 1 Teelöffel gemahlenem Koriander oder Kreuzkümmelsamen, 1 Messerspitze getrockneter Chilischote, fein geschnittenen Kräutern oder Vanillemark aromatisieren.

1. Schritt

Ein quadratisches Stück Musselin- oder ein Geschirrtuch nass machen und ausdrücken. Ein Sieb damit ausschlagen (das Musselintuch muss am Rand überhängen) und über einer Schüssel einhängen.

3. Schritt

Den Joghurt in das Sieb geben und das Musselintuch darüberschlagen.

Bei der Herstellung von Labneh aus Naturjoghurt können Sie so vielfältige Zutaten verwenden wie Salz, Zucker, Zitrone, getrocknete Aprikosen, Koriandersamen, Kreuzkümmelsamen, getrocknete Chilischote, Thymian, frisch gehackte Kräuter und Olivenöl.

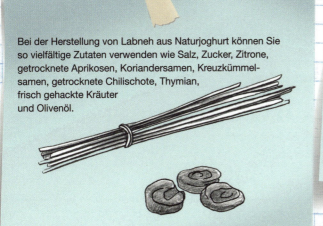

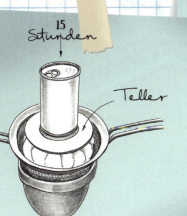

4. Schritt

Einen kleinen Teller umgedreht auf das Säckchen legen, mit einer vollen Konservendose oder einer Flasche beschweren (das Gewicht sollte nicht zu schwer sein) und den Joghurt rund 15 Stunden an einem kühlen Platz ruhen lassen.

5. Schritt

Je länger man das Labneh ruhen lässt, desto fester wird es. Um den Prozess zu beschleunigen, das Päckchen vorsichtig drücken, um das Wasser aus dem Käse zu pressen. Das Labneh vorsichtig auswickeln und auf einen Teller stürzen. Der Käse hat nun die Form eines Kegels, und das Musselintuch hat ein Muster darin hinterlassen.

6. Schritt

Das Labneh kann pur genossen werden oder man verfeinert es noch mit Kräutern (salzige Variante) oder gehackten Trockenfrüchten (süße Variante). Die Molke kann man auffangen und anderweitig verwenden. In einem luftdicht verschlossenen Behälter ist das Labneh im Kühlschrank 4 Tage haltbar. Oder man formt kleine Kugeln daraus, füllt sie in ein sterilisiertes Schraubglas, bedeckt sie mit Olivenöl, fügt noch etwas Rosmarin oder Thymian und einige Koriandersamen hinzu und lässt das Ganze mindestens 1 Tag durchziehen. Schmeckt vorzüglich in einem Salat oder auf frischem Brot.

Selbst gemachtes Labneh

Falls Sie keine Zucchini- oder Kürbisblüten bekommen, nehmen Sie ersatzweise ein Gemüse der Saison mit feinem Geschmack, wie z. B. Spargel. Die Omeletts schmecken warm und kalt.

Kleine Omeletts mit Zucchiniblüten und Tomaten

ERGIBT 12 STÜCK
ZUBEREITUNG: 10 MINUTEN
BACKZEIT: 15–20 MINUTEN

2 EL Olivenöl + Olivenöl für die Form

1 große Knoblauchzehe, durchgepresst

15 g Butter

150 g Kirschtomaten

12 Zucchiniblüten

6 große Eier

100 g Sahne

1 kleine Handvoll Basilikumblätter

Salz, Pfeffer

Den Backofen auf 200 °C vorheizen. Eine Muffinform mit 12 Vertiefungen leicht mit Olivenöl einfetten.

2 Esslöffel Olivenöl in einer Pfanne erhitzen und den Knoblauch einige Minuten bei geringer Hitze unter Rühren anschwitzen. Die Wärmezufuhr erhöhen, Butter und Tomaten hinzufügen und 2 Minuten erhitzen. Die Zucchiniblüten dazugeben und 1 Minute anschwitzen, damit sie weich werden. Die Pfanne anschließend vom Herd nehmen.

Die Eier mit dem Schneebesen kräftig mit der Sahne und dem Basilikum verrühren. Abschmecken. Die Mischung in die Form füllen und die Tomatenmischung darauf verteilen.

Die Form für 15–20 Minuten in den Backofen schieben, bis die Omeletts aufgegangen sind und eine schöne goldbraune Farbe haben. Einige Minuten abkühlen lassen und danach aus der Form nehmen.

Vorspeisen & kleine Gerichte

Knuspriger Toast, gebratener Knoblauch, ein samtiges Möhren-Hummus und eine nussige Linsenmousse – Ihre Geschmackspapillen werden begeistert sein!

Linsenmousse und Möhren-Hummus mit Knoblauchtoast

FÜR 4 PERSONEN
ZUBEREITUNG: 20 MINUTEN
KOCHZEIT: 75 MINUTEN

FÜR DIE TOASTS:

1 Knolle Knoblauch

Olivenöl

1 Prise Salz

2 Körnerbrötchen

FÜR DIE LINSENMOUSSE:

175 g grüne Linsen, abgespült und abgetropft

4 getrocknete Tomaten in Olivenöl

2 EL fein geschnittene Petersilie

1 EL Zitronensaft

Salz, Pfeffer

FÜR DAS MÖHREN-HUMMUS:

2 große Möhren, klein geschnitten

2 EL Olivenöl

1 Prise Salz

1 Dose (400 g) Kichererbsen, abgetropft

1 EL weißes Tahini (Sesampaste)

1 Msp. gemahlener Kardamom

1 EL Zitronensaft

Den Backofen auf 200 °C vorheizen. Die Zehen von der Knoblauchknolle ablösen, mit Olivenöl beträufeln und lose in Alufolie verpacken. Dabei darauf achten, dass die Folie gut verschlossen ist. In den Backofen legen und 30 Minuten sehr weich garen.

In der Zwischenzeit die Linsen in einem Topf mit 500 ml kaltem Wasser bedecken und aufkochen lassen. Die Wärmezufuhr anschließend verringern und die Linsen etwa 30 Minuten köcheln lassen, bis sie das Wasser vollständig aufgesogen haben. Dabei gelegentlich umrühren.
Die weich gegarten Knoblauchzehen über einer Schüssel aus den Schalen pressen, mit einer Gabel zerdrücken und mit etwas Salz und Olivenöl vermengen. Die Brötchen in 5 mm dicke Scheiben schneiden und diese auf beiden Seiten mit der Knoblauchpaste bestreichen. Auf ein Backblech legen und einige Minuten im Backofen rösten, bis sie am Rand braun werden.

Die fertig gegarten Linsen mit 1 Teelöffel Knoblauchpaste, den getrockneten Tomaten und etwas von ihrem Öl, Petersilie und Zitronensaft im Mixer grob pürieren. Ist das Püree zu dick, noch etwas Wasser hinzufügen. Die Linsenmousse zum Schluss mit Salz und Pfeffer abschmecken.

Für das Möhren-Hummus die Möhren in einem Topf mit Wasser bedecken. Olivenöl und Salz hinzufügen, aufkochen und etwa 8 Minuten köcheln lassen, bis die Möhren sehr weich sind. Das Wasser abgießen und den Topfinhalt mit Kichererbsen, Tahini, Kardamom, Zitronensaft und 1 Teelöffel Knoblauchpaste im Mixer pürieren.

Das Hummus und die Linsenmousse mit den Knoblauchtoasts servieren.

Vorspeisen & kleine Gerichte

Serrano-Chilischoten sind die relativ langen, spitz zulaufenden Chilischoten, die in der Regel in den Supermärkten angeboten werden. Man bekommt sie in Rot oder Grün. Verwenden Sie sie aber nur sparsam, denn sie sind mitunter recht scharf.

Kartoffeln mit Kreuzkümmel und Guacamole

FÜR 4 PERSONEN
ZUBEREITUNG: 20 MINUTEN
KOCHZEIT: 50–75 MINUTEN

FÜR DIE KARTOFFELN:

15 neue oder kleine festkochende Kartoffeln

Salz

3 EL Olivenöl

2 TL Kreuzkümmelsamen

FÜR DIE GUACAMOLE:

½ TL Kreuzkümmelsamen

4 große, reife Avocados, halbiert und die Kerne entfernt

2 Tomaten, die Samen entfernt und gewürfelt

½ rote Zwiebel, fein gehackt

2 Serrano-Chilischoten, die Samen entfernt und fein gehackt

Saft von 1 großen oder 2 kleinen Limetten

2 EL fein geschnittenes Koriandergrün

Salz, Pfeffer

Den Backofen auf 180 °C vorheizen. Die Kartoffeln gegebenenfalls von Schmutz befreien, mit Salz bestreuen und 50–60 Minuten im Backofen weich garen. Einige Minuten abkühlen lassen, halbieren und das Fruchtfleisch mit einem Teelöffel herauslösen. Das Fruchtfleisch für ein Püree (einfach mit Butter, Milch und Salz verrühren), Kartoffelpuffer oder auch einen Brotteig aufheben. Die Schalen mit Olivenöl beträufeln, kräftig mit Salz würzen und mit Kreuzkümmel bestreuen. Auf einem Backblech verteilen und 15 Minuten in den Backofen schieben, bis sie knusprig und goldbraun sind.

Inzwischen die Guacamole zubereiten. Den Kreuzkümmel ohne Fett in einer Pfanne rösten, bis er sein Aroma entfaltet, und anschließend grob zerstoßen. Das Avocadofruchtfleisch grob mit einer Gabel zerdrücken. Das Püree sollte nicht glatt sein, sondern noch Stücke enthalten. Den Kreuzkümmel und die übrigen Zutaten untermischen und mit Salz und Pfeffer abschmecken.

Die Guacamole getrennt zu den Kartoffeln reichen oder die gebackenen Kartoffelschalen damit garnieren und sofort servieren, damit sie nicht weich werden.

Statt 15 kleiner können Sie auch 4 große Kartoffeln nehmen, die Kochzeit verlängert sich dann auf 80 Minuten. Die Kartoffeln anschließend halbieren und aushöhlen. Die Schalen in Streifen schneiden und im Backofen rösten.

Vorspeisen & kleine Gerichte

Diese kleinen Crêpes sind Verwandte der großen vietnamesischen Crêpes namens »banh xeo«. Sie stammen aus Hue in Zentralvietnam. Normalerweise werden sie mit Fleisch oder Meeresfrüchten gefüllt, sie schmecken aber auch mit Pilzen vorzüglich.

Vietnamesische Crêpes mit Pilzfüllung

ERGIBT ETWA 18 STÜCK
EINWEICHZEIT: 30 MINUTEN – 1 NACHT
ZUBEREITUNG: 30 MINUTEN
KOCHZEIT: 25 MINUTEN
BACKZEIT: 3–4 MINUTEN PRO CRÊPE

60 g getrocknete Mungbohnen

230 g Reismehl

½ TL gemahlene Kurkuma

2 Eier, verquirlt

1 EL Zucker

Salz

150 g gemischte Pilze (z. B. Austern-, Enoki-, Shiitakepilze), große Pilze in Stücke geschnitten

1 große Knoblauchzehe, fein gehackt

neutrales Öl zum Frittieren

Pfeffer

150 g Sojasprossen

2 Frühlingszwiebeln, fein geschnitten

ZUM SERVIEREN:

Salatblätter und/oder Reispapier

Gurkenscheiben

frische Kräuter

Ingwer-Limetten-Sauce (Seite 244)

Die Mungbohnen mindestens 30 Minuten, am besten über Nacht, in reichlich kaltem Wasser einweichen. Am nächsten Tag abgießen und 15–20 Minuten bei geringer Hitze in Wasser weich garen.

Inzwischen das Reismehl mit der Kurkuma mischen. Nach und nach 320 ml kaltes Wasser mit dem Schneebesen unterrühren. Eier, Zucker und 1 kräftige Prise Salz hinzufügen und den Teig 10 Minuten ruhen lassen, bis er aufgegangen und etwas eingedickt ist.

Die Pilze mit dem Knoblauch in etwas Öl kräftig anbraten, mit Salz und Pfeffer würzen und zur Seite stellen.

Für jeden Crêpe in einer Blinipfanne oder einer kleinen Bratpfanne (12 cm Durchmesser) 1 Esslöffel Öl bei mittlerer Hitze heiß werden lassen. Die Pfanne muss sehr heiß sein. Gerade so viel Teig hineingießen, dass der Boden bedeckt ist. Es muss zischen, wenn er mit dem heißen Öl in Berührung kommt. Die Crêpe mit Mungbohnen, 1 Löffel Pilzen, ein paar Sojasprossen und Frühlingszwiebelröllchen garnieren und 2 Minuten backen, bis die Unterseite und der Rand knusprig sind. Die Crêpe mit dem Pfannenwender einmal zusammenklappen und auf einen Teller gleiten lassen.
Im Ofen warmhalten und mit dem restlichen Teig ebenso verfahren. In Salatblätter oder Reispapier einschlagen und heiß mit Gurkenscheiben, frischen Kräutern und der Ingwer-Limetten-Sauce servieren.

Vorspeisen & kleine Gerichte

Die Kichererbsen für dieses ebenso schmackhafte wie nahrhafte Gericht können Sie problemlos in wenigen Tagen auch selbst zum Keimen bringen.

Hummus mit Avocado

FÜR 4 PERSONEN
EINWEICHZEIT: 12–48 STUNDEN
KEIMZEIT: 2–3 TAGE
ZUBEREITUNG: 10 MINUTEN

300 g getrocknete Kichererbsen
2 EL weißes Tahini (Sesampaste)
1 Knoblauchzehe, durchgepresst
1 TL Meersalz
Saft von 1 Limette
1 reife Avocado, halbiert, entsteint und klein geschnitten
Rohkost und warmes Fladenbrot zum Servieren

Die Kichererbsen in reichlich kaltem Wasser einweichen und 12–48 Stunden an einem kühlen, lichtgeschützten Platz ruhen lassen. Anschließend abgießen und gründlich abspülen. Auf einem Backblech oder einem großen Teller verteilen und 2–3 Tage an einem kühlen, lichtgeschützten Ort keimen lassen. Die Kichererbsen während des Keimens mindestens zweimal täglich unter fließendem kaltem Wasser abspülen, damit sie nicht schimmeln.

In einem Kochtopf reichlich Wasser zum Kochen bringen. Die Kichererbsen hineingeben, den Topf vom Herd nehmen und die Kichererbsen 1 Minute ruhen lassen. In ein Sieb abgießen und unter fließendem Wasser abspülen. Dadurch nimmt man ihnen den bitteren Geschmack etwas.

Die Kichererbsen abtropfen lassen und danach mit den übrigen Zutaten und 100–200 ml Wasser 3–4 Minuten im Mixer zu einem glatten, weichen Püree verrühren. Die Wände der Rührschüssel dabei gelegentlich mit einem Teigschaber säubern.

Das Hummus mit knackigem rohem Gemüse und warmem Fladenbrot servieren.

Vorspeisen & kleine Gerichte

Diese leichte, appetitanregende Terrine eignet sich hervorragend für ein Picknick. Wenn Sie die Terrine schon zwei Tage im Voraus zubereiten und mit Konservendosen beschwert ruhen lassen, können die Zutaten ihr volles Aroma entfalten und die Terrine lässt sich leichter aufschneiden.

Sommerliche Gemüseterrine

FÜR 4 PERSONEN
ZUBEREITUNG: 25 MINUTEN
KÜHLZEIT: 5 STUNDEN
KOCHZEIT: 25 MINUTEN

4 rote Paprikaschoten, halbiert, Samen und Scheidewände entfernt

2 gelbe Paprikaschoten, halbiert, Samen und Scheidewände entfernt

2 orange Paprikaschoten, halbiert, Samen und Scheidewände entfernt

Olivenöl

1 TL Fenchelsamen, leicht zerdrückt

Salz, Pfeffer

2 Zucchini, der Länge nach in hauchdünne Scheiben geschnitten

1 Bund Frühlingszwiebeln

50 g getrocknete Tomaten in Olivenöl, abgetropft und gehackt

2 EL fein geschnittenes Fenchelkraut oder Dill

½ Knoblauchzehe, durchgepresst

500 g Ricotta

Den Backofen auf 220 °C vorheizen. Die Paprikaschotenhälften vierteln und mit Olivenöl bestreichen. Mit der Hautseite nach oben auf einem großen, mit Öl eingefetteten Backblech verteilen und 20 Minuten im Backofen rösten, bis sie weich sind und die Schale schwarz zu werden beginnt. Anschließend in eine Schüssel füllen, mit einem Teller abdecken und ruhen lassen, bis sich die Haut ablöst.

Inzwischen die Fenchelsamen mit Salz, Pfeffer und Olivenöl verrühren. Eine Grillpfanne erhitzen, bis sie zu rauchen beginnt. Die Zucchinischeiben in dem Fenchelöl wenden und portionsweise (die Scheiben dürfen nicht übereinanderliegen) auf jeder Seite 1 Minute grillen, bis sich das Muster des Pfannenbodens darauf abzeichnet und sie etwas weich sind. Die Zucchini auf einen Teller geben und beiseitestellen.

Die Frühlingszwiebeln in etwas Olivenöl wenden, mit Salz und Pfeffer würzen und einige Minuten in der Grillpfanne braten, bis sie rundherum leicht angeröstet und weich sind.

Die Paprikaschoten enthäuten, sobald sie abgekühlt sind. Tomaten, Fenchelgrün oder Dill und Knoblauch unter den Ricotta mischen und mit Salz und Pfeffer würzen.

Eine Terrinenform (11 × 24 cm) mit Frischhaltefolie auskleiden und vollständig mit den Zucchinischeiben auslegen. Die Scheiben sollten sich überlappen und am Rand etwas überstehen. Ein Drittel der Paprikaschoten in die Form füllen, die Hälfte der Ricottamischung darauf verstreichen, die Zwiebeln und ein weiteres Drittel der Paprikaschoten darauf verteilen, den restlichen Ricotta und zum Schluss die restlichen Paprikaschoten darauf verteilen. Die Zucchinischeiben und die Frischhaltefolie darüberschlagen und die Terrine mit vollen Konservendosen beschweren. Mindestens 5 Stunden, am besten sogar über Nacht in den Kühlschrank stellen, anschließend aus der Form stürzen, die Frischhaltefolie entfernen, die Terrine aufschneiden und nach Belieben mit Rucola servieren.

Vorspeisen & kleine Gerichte

Cremiger Frischkäse und süßlicher Kürbis kontrastieren in diesem Gericht mit salzigem, kompaktem Feta. Harissa, eine sehr scharfe Sauce aus der nordafrikanischen Küche, verleiht dem Ganzen eine pikante Note.

Pikante Tarteletts mit Kürbis und Feta

FÜR 4 PERSONEN
ZUBEREITUNG: 20 MINUTEN
KOCH- UND BACKZEIT: 40–45 MINUTEN

400 g Kürbis, die Kerne entfernt und in Scheiben geschnitten

1 EL Olivenöl

Salz, Pfeffer

100 g Feta

1 EL Harissa

1 Ei, verquirlt

2 EL Frischkäse

Mehl zum Ausrollen

375 g backfertiger Blätterteig

4 Zweige Thymian, Blätter abgezupft

Den Backofen auf 200 °C vorheizen. Die Kürbisscheiben auf einem mit Backpapier ausgelegten Backblech verteilen, mit Olivenöl bepinseln, mit Salz und Pfeffer würzen und etwa 25 Minuten in den Backofen schieben, bis sie weich sind. Etwas abkühlen lassen und den Backofen auf 190 °C herunterschalten.

Die Hälfte des Fetas in kleine Würfel schneiden, die andere Hälfte zerkrümeln. Das Harissa in einer Schüssel mit dem Schneebesen mit Ei, Frischkäse und dem zerkrümelten Feta verrühren und mit Pfeffer und wenig Salz (der Feta ist bereits relativ salzig) würzen.

Die Arbeitsfläche leicht mit Mehl bestäuben und den Blätterteig zu einem etwa 20 × 30 cm großen Rechteck ausrollen. Die Ränder mit einem Messer begradigen und den Teig in 12 gleich große Rechtecke schneiden. In ausreichendem Abstand auf ein Backblech legen und in der Mitte mit etwas Harissamischung bestreichen. Mit Kürbisscheiben und Fetawürfeln belegen, mit Thymian bestreuen und 15–20 Minuten backen, bis der Teig aufgegangen und leicht gebräunt ist. Frisch aus dem Ofen servieren oder auf einem Kuchengitter auskühlen lassen.

64 *Vorspeisen & kleine Gerichte*

Zu diesen Beignets passt hervorragend ein Kräuterchutney. Dazu 1 gute Handvoll Minze und 1 kleine Handvoll Korianderblätter fein schneiden. 1 kleine rote Zwiebel und 2 grüne Chilischoten hacken und mit den Kräutern mischen. Zum Schluss etwas Limettensaft, 1 großen Löffel Wasser und 1 Prise Salz unterrühren.

Indische Gemüsebeignets

ERGIBT ETWA 20 STÜCK
ZUBEREITUNG: 20 MINUTEN
AUSBACKZEIT: 2–3 MINUTEN

½ TL Kreuzkümmelsamen, zerstoßen
½ TL Koriandersamen, zerstoßen
½ TL gemahlene Kurkuma
½ TL Cayennepfeffer
½ TL Salz
1 Msp. Backpulver
200 g Kichererbsenmehl
1 l neutrales Öl zum Ausbacken
200 g Brokkoliröschen
100 g Erbsen, ausgepalt
5 Frühlingszwiebeln, grob zerkleinert

In einer großen Schüssel die Gewürze mit Backpulver und Kichererbsenmehl mischen. Nach und nach 200 ml kaltes Wasser mit dem Schneebesen einrühren, bis ein glatter Teig entstanden ist.

Das Öl in einem hohen Topf oder einem Wok auf 180 °C erhitzen. Falls Sie kein Thermometer besitzen, etwas Teig in den Topf geben. Beginnt der Teig sofort zu brutzeln und sich zu drehen, hat das Öl die richtige Temperatur.

Brokkoli, Erbsen und Frühlingszwiebeln zum Teig geben und gut umrühren, bis das Gemüse rundherum mit Teig überzogen ist. Die Mischung esslöffelweise in den Teig gleiten lassen und 2–3 Minuten goldbraun ausbacken. Dabei darauf achten, dass der Topf nicht zu voll ist. Die Beignets mit einem Schaumlöffel herausheben und auf Küchenpapier abtropfen lassen. Sofort – eventuell mit einem selbst gemachten Chutney (siehe oben) – servieren.

Vorspeisen & kleine Gerichte

Die Zubereitung dieser Terrine ist ein Kinderspiel und Sie benötigen dafür gerade mal drei Zutaten. Dazu passt eine pikante Mayonnaise oder eine einfache Vinaigrette.

Lauchterrine mit Senfmayonnaise

FÜR 8 PERSONEN
ZUBEREITUNG: 20 MINUTEN
KÜHLZEIT: 4 STUNDEN
KOCHZEIT: 10–12 MINUTEN

1,2 kg junger Lauch

Salz

½ kleines Bund Schnittlauch, in Röllchen geschnitten

100 g Quark oder Schichtkäse

Pfeffer

FÜR DIE MAYONNAISE:

1 TL Dijon-Senf

4 EL selbst gemachte Mayonnaise (Seite 236) oder ein gutes Fertigprodukt

Eine Terrinenform mit mindestens 500 ml Fassungsvermögen mit Frischhaltefolie auskleiden. Die Lauchstangen auf die Länge der Form kürzen (dabei etwas Grün stehen lassen) und gründlich unter fließendem Wasser waschen. 10–12 Minuten in reichlich Salzwasser weich garen (mit der Spitze eines Messers hineinstechen, um die Garprobe zu machen), abgießen und etwas abkühlen lassen.

Den Boden der Form mit 1 Teelöffel Schnittlauch bestreuen und eine Schicht Lauch darauflegen (die Stangen dabei so legen, dass sich weiße und grüne Enden abwechseln). In regelmäßigen Abständen einige Teelöffel Quark darauf verteilen, kräftig mit Pfeffer und mit etwas Salz würzen und mit Schnittlauch bestreuen. So fortfahren, bis sämtliche Zutaten aufgebraucht sind. Den Abschluss sollte eine dicke Schicht Lauch bilden. Mit Frischhaltefolie abdecken, mit vollen Konservendosen beschweren und mindestens 4 Stunden, am besten sogar über Nacht, in den Kühlschrank stellen.

Den Senf unter die Mayonnaise rühren.

Die Terrine mit einem scharfen Messer aufschneiden, die Scheiben vorsichtig auf Tellern anrichten und mit der Mayonnaise servieren.

Vorspeisen & kleine Gerichte

Damit die Tempura schön locker und knusprig werden, sollten Sie unbedingt darauf achten, dass das Öl richtig heiß ist, bevor Sie den Teig hineingeben.

Gemüse-Tempura mit Ponzu-Sauce

FÜR 4 PERSONEN
ZUBEREITUNG: 15 MINUTEN
AUSBACKZEIT: ETWA 2 MINUTEN PRO PORTION

FÜR DIE SAUCE:

100 ml Sojasauce

2 EL Reisessig

3 cm frische Ingwerwurzel, gerieben

2 EL Limettensaft

2 EL Orangensaft

FÜR DEN TEIG:

2 Eigelb

360 ml Eiswasser

2 TL Maisstärke

200 g Mehl

1½ TL Backpulver

FÜR DIE BEIGNETS:

1 l neutrales Öl zum Ausbacken

12 Stangen Spargel

12 kleine violette Brokkoliröschen

6 Mini-Auberginen, halbiert

1 rote Paprikaschote, Samen und Scheidewände entfernt und in Streifen geschnitten

150 g gemischte Pilze (z. B. Austernpilze und Enokipilze), größere Pilze in Stücke geschnitten

Die Saucenzutaten verrühren und die Sauce zur Seite stellen.

Für den Tempura-Teig die Eigelbe und das Eiswasser kräftig mit dem Schneebesen verrühren. Stärke, Mehl und Backpulver hinzufügen und die Zutaten kurz zu einem lockeren Teig verrühren (der Teig darf ruhig ein paar Klümpchen enthalten).

Das Öl in einem großen Wok oder einem hohen Topf auf 170 °C erhitzen. Falls Sie kein Thermometer besitzen, etwas Teig in den Topf geben. Beginnt er sofort zu brutzeln, hat das Öl die richtige Temperatur. Einen großen Teller mit Küchenpapier auslegen. Die Gemüsestücke mithilfe einer Zange in den Teig tauchen, in das heiße Öl gleiten lassen und 1–2 Minuten goldbraun ausbacken. Dabei darauf achten, dass der Topf nicht zu voll wird, sonst kühlt das Öl ab. Die frittierten Gemüsestücke mit einem Schaumlöffel herausheben und auf dem Küchenpapier abtropfen lassen.

Die Tempura sofort mit der Ponzu-Sauce servieren.

Vorspeisen & kleine Gerichte

Salate

Drittes Kapitel

Dieser kleine, feine Salat ist eine herrliche Vorspeise, bei der Gaumen und Augen gleichermaßen auf ihre Kosten kommen.

Bunter Salat mit Rhabarber und Apfel

FÜR 4 PERSONEN
ZUBEREITUNG: 25 MINUTEN

FÜR DAS DRESSING:

2 EL Cidre-Essig oder Weißweinessig

75 ml Olivenöl

1 TL Fenchelsamen

1 kleine Handvoll Fenchelkraut, grob gehackt

Salz, Pfeffer

FÜR DEN SALAT:

2 mittelgroße Rote-Bete-Knollen mit Kraut, abgeschrubbt, aber nicht geschält

2 kleine Fenchelknollen, halbiert

½ Stange Rhabarber

1 roter Apfel, das Kerngehäuse entfernt und in Spalten geschnitten

2 Stauden Chicorée, in Stücke geschnitten

3 EL gemischte geröstete Körner

Die Dressingzutaten verrühren und kräftig mit Salz und Pfeffer abschmecken.

Das Rote-Bete-Kraut abschneiden und zur Seite legen.

Rote Bete, Fenchel, Rhabarber und Apfel mit, einem scharfen Messer oder einem Sparschäler in dünne Scheiben oder Streifen schneiden. Mit dem Rote-Bete-Kraut und dem Chicorée in eine Schüssel füllen und mit dem Dressing anmachen.

Den Salat auf vier Tellern anrichten und mit den gerösteten Körnern bestreuen.

»Grünzeug« und eine Vinaigrette – unverkennbar ein Salat! Mujaddara, ein Gericht aus Zwiebeln, Linsen und Reis, ist eine libanesische Spezialität. Nehmen Sie dafür am besten einen Vollkornbasmatireis. Er hat einen besonders kräftigen Geschmack.

Warmer Salat mit Ofentomaten, Labneh und Mandeln auf Mujaddara

FÜR 4 PERSONEN
ZUBEREITUNG: 20 MINUTEN
KOCHZEIT: 1 STUNDE

1 Msp. Safranfäden

2 EL Sherryessig

3 EL Olivenöl

Salz, Pfeffer

1 großes Bund glatte Petersilie, grob gehackt

50 g junger Spinat

12 Ofentomatenhälften (Seite 242)

150 g Labneh (Seite 50) oder Schichtkäse

3 EL geröstete Mandelblättchen

FÜR DIE MUJADDARA:

2 EL Olivenöl

1 große Zwiebel, fein geschnitten

1 Prise Salz

250 g braune Linsen

150 g Vollkornbasmatireis

Für die Mujaddara das Öl in einem großen Topf erhitzen und die Zwiebel mit dem Salz 20 Minuten bei milder Hitze anschwitzen, bis sie weich ist. Die Wärmezufuhr danach erhöhen und die Zwiebel 10 Minuten goldbraun braten. Die Linsen hinzufügen, 600 ml Wasser angießen und aufkochen lassen. Den Deckel auflegen und die Linsen 10 Minuten bei geringer Hitze köcheln lassen. Den Reis dazugeben, den Topf wieder zudecken und das Ganze weitere 20 Minuten kochen lassen. Den Topf anschließend vom Herd nehmen und die Mujaddara 10 Minuten ruhen lassen.

In der Zwischenzeit den Safran 5 Minuten in 2 Esslöffel kochendem Wasser einweichen und anschließend mit Essig, Öl, Salz und Pfeffer verrühren.

Die Petersilie bis auf eine kleine Handvoll mit dem Spinat und der Mujaddara mischen. In eine Salatschüssel füllen und mit Tomaten, einigen Löffeln Labneh, Mandelblättchen und der restlichen Petersilie garnieren. Mit der Sauce überziehen und heiß oder zimmerwarm servieren.

Dieser Salat ist ideal als winterliches Abendessen, denn er ist frisch, aber auch sättigend und wärmend. Die Nüsse und die Pflaumen sollten Sie beim Rösten unbedingt im Auge behalten, denn sie brennen schnell an.

Wintersalat

FÜR 4 PERSONEN
ZUBEREITUNG: 20 MINUTEN
KOCHZEIT: 35 MINUTEN

300 g junge Möhren

6 Schalotten, halbiert

75 ml Olivenöl

Salz

150 g Walnusskerne, grob gehackt

150 g Backpflaumen, entsteint und halbiert

200 g Dinkel

2 EL Sherryessig

½ Knoblauchzehe, durchgepresst

1 TL Dijon-Senf

1 kleines Bund glatte Petersilie, fein geschnitten

175 g Ziegenkäse, gewürfelt

Pfeffer

Den Backofen auf 190 °C vorheizen. Die Möhren je nach Größe halbieren oder in Stücke schneiden und mit den Schalotten und 2 Esslöffeln Olivenöl mischen. Kräftig mit Salz und Pfeffer würzen, auf einem Backblech verteilen und etwa 25 Minuten in den Backofen schieben, bis sie weich und karamellisiert sind. Nüsse und Pflaumen darauf verteilen und das Ganze nochmal 5–10 Minuten in den Ofen schieben.

Inzwischen den Dinkel mit 500 ml kaltem Wasser und 1 kräftigen Prise Salz in einen Topf geben und aufkochen lassen. Den Deckel auflegen, die Wärmezufuhr verringern und den Dinkel 25 Minuten köcheln lassen.

Anschließend abgießen und zugedeckt beiseitestellen.

Für das Dressing das restliche Öl mit dem Schneebesen kräftig mit Essig, Knoblauch, Senf und etwas Salz und Pfeffer verrühren. Als Kontrast zu den süßlichen Möhren und den Pflaumen sollte die Sauce eine leicht säuerliche Note haben. Den Dinkel in eine Salatschüssel füllen und mit den Möhrchen, der Hälfte der Petersilie und der Hälfte des Dressings mischen. Den gewürfelten Ziegenkäse darauf verteilen, das restliche Dressing darüberträufeln und mit der restlichen fein geschnittenen Petersilie bestreuen.

Ein warmer Salat mit nordafrikanischen Aromen, mit denen sich die großen Couscouskörner vollsaugen. Im Handumdrehen zubereitet ist die Chermoula eine vielseitig verwendbare Sauce, die man stets im Kühlschrank vorrätig haben sollte.

Couscoussalat mit eingelegten Zitronen und Chermoula

FÜR 4 PERSONEN
ZUBEREITUNG: 25 MINUTEN
KOCHZEIT: 50 MINUTEN

500 g junge Pastinaken

3 rote Paprikaschoten, Samen und Scheidewände entfernt und in Streifen geschnitten

3 EL Olivenöl

3 EL flüssiger Honig

Salz

2 eingelegte Zitronen, geviertelt (in nordafrikanischen Lebensmittelgeschäften)

150 g grobkörniger Couscous (z. B. aus Israel, erhältlich in nordafrikanischen Lebensmittelgeschäften; ersatzweise Bulgur)

1 Portion Chermoula (Seite 244)

Saft von 1 Zitrone

1 kleines Bund Koriandergrün

200 g griechischer Joghurt

Pfeffer

Den Backofen auf 200 °C vorheizen. Die Pastinaken je nach Größe der Länge nach halbieren oder vierteln, mit den Paprikastreifen auf einem Backblech verteilen, mit der Hälfte des Öls und dem Honig beträufeln, kräftig mit Salz und Pfeffer würzen und 35 Minuten in den Backofen schieben, bis das Gemüse karamellisiert ist. Das Zitronenfruchtfleisch wegwerfen und die Schalen in Juliennestreifen schneiden.

Das restliche Öl in einem großen Schmortopf erhitzen und den Couscous etwa 4 Minuten bei mittlerer Hitze anbraten. 200 ml kochendes Wasser angießen und den Couscous etwa 10 Minuten bei geringer Hitze köcheln lassen, bis er weich ist und das Wasser vollständig aufgesogen hat.

Den Couscous in einer Salatschüssel mit den Pastinaken und dem Paprika mischen. 1 Esslöffel Chermoula, die Zitronenschalen, Zitronensaft und das Koriandergrün (etwas zum Garnieren aufheben) hinzufügen.

Die restliche Chermoula mit dem Joghurt verrühren und esslöffelweise auf dem Salat verteilen. Mit dem restlichen fein geschnittenen Koriandergrün bestreuen und servieren.

Wenn es wieder Blutorangen zu kaufen gibt, sollten Sie unbedingt einmal diesen leckeren, farbenfrohen Salat ausprobieren, den man am besten frisch zubereitet genießt.

Radicchiosalat mit Blutorangen, Mozzarella und Croûtons

FÜR 4 PERSONEN
ZUBEREITUNG: 15 MINUTEN
RÖSTZEIT: 15 MINUTEN

3 dicke Scheiben Sauerteigbrot

75 ml Olivenöl + Olivenöl für das Brot

3 Blutorangen

2 EL Rotweinessig

Salz, Pfeffer

1 mittelgroßer Radicchio

1 Handvoll Rucola

2 Kugeln Büffelmozzarella, in Stücke geschnitten

Den Backofen auf 180 °C vorheizen. Das Brot in grobe Würfel schneiden, auf einem Backblech verteilen, mit etwas Olivenöl beträufeln und 15 Minuten im Backofen rösten, bis die Croûtons schön knusprig und braun sind. Die Croûtons nach der Hälfte der Zeit wenden, indem Sie das Blech schütteln.

Inzwischen die Orangen auf einem Teller mit einem scharfen Messer dick abschälen und in Scheiben schneiden. Von dem aufgefangenen Saft 4 Esslöffel abnehmen und in einer Schüssel mit dem Schneebesen mit Essig, Öl, Salz und Pfeffer verquirlen.

Den Radicchio in mundgerechte Stücke reißen und in einer Salatschüssel mit Rucola, Croûtons, Orangenscheiben und Mozzarella mischen. Mit dem Dressing beträufeln, vorsichtig durchmischen und sofort servieren.

82   Salate

Wenn Sie genug Zeit haben und Ihre Gäste beeindrucken wollen, können Sie aus den Zutaten anstelle eines Salats auch kleine Amuse-Gueules zubereiten. Wie's geht, lesen Sie unten.

Avocadosalat mit Möhre-Rettich-Pickles und Satay-Sauce

FÜR 4 PERSONEN
ZUBEREITUNG: 25 MINUTEN
MARINIERZEIT: BIS ZU 2 TAGE

FÜR DEN SALAT:

1 große Möhre

12 cm Rettich oder Daikon, geschält

3 EL Weißweinessig

2 EL Zucker

4 feste, reife Avocados

Saft von ½ Limette

1 kleine Handvoll Koriander oder Alfalfasprossen

FÜR DIE SAUCE:

1 EL Sesamöl

2 EL Erdnüsse, geröstet und fein gehackt

1 EL Sojasauce

1 EL Zucker

3 cm Ingwerwurzel, fein gehackt

1 rote Chilischote, die Samen entfernt und sehr fein gehackt

Saft und abgeriebene Schale von 1 Limette

Die Möhre und den Rettich zunächst quer und danach der Länge nach halbieren und in sehr kleine Stücke schneiden. In einer Schüssel (nicht aus Metall) mit Essig, Zucker und 2 Esslöffeln Wasser mischen, zudecken und mindestens 20 Minuten ruhen lassen oder bis zu 2 Tage in den Kühlschrank stellen.

Die Saucenzutaten in einer kleinen Schüssel verrühren.

Die Avocados halbieren und die Kerne entfernen. Vorsichtig mit einem scharfen Messer schälen und mit einem Sparschäler der Länge nach in lange, breite Streifen hobeln. Mit Limettensaft beträufeln, damit sie sich nicht verfärben. Eventuelle Reste fein würfeln.

Sämtliche Zutaten in eine Schüssel füllen, vorsichtig durchmischen und den Salat mit etwas Sauce beträufeln. Die restliche Sauce getrennt dazu reichen.

Oder die Möhren und den Rettich abtropfen lassen (die Marinade für das nächste Mal aufheben), den Koriander oder die Alfalfasprossen und gegebenenfalls die Avocadowürfel hinzufügen. Die Avocadostreifen auf der Arbeitsfläche auslegen. An jedes Ende 1 Löffel der Möhren-Rettich-Mischung setzen, die Streifen fest aufrollen und eventuell mit einem Zahnstocher feststecken. Mit etwas Sauce beträufeln und servieren.

Der Clou an diesem Salat sind die Risoni, kleine reiskornförmige Nudeln. Einfach al dente kochen, kurz abtropfen lassen und zur Sauce geben. Die kleinen Nudeln nehmen den Geschmack der übrigen Zutaten wunderbar an. Kalt oder warm genießen.

Artischockensalat mit Flageoletbohnen, Risoni und Pecorino

FÜR 4 PERSONEN
ZUBEREITUNG: 20 MINUTEN
KOCHZEIT: 25 MINUTEN

12 frische junge Artischocken oder
12 Artischockenherzen aus dem Glas

einige Zitronenscheiben und etwas Zitronensaft

350 g Risoni

Salz

200 g Flageoletbohnen

Saft und abgeriebene Schale von 1 Bio-Zitrone

4 EL Olivenöl

4 Zweige Zitronenthymian, die Blätter abgezupft

Pfeffer

75 g sardischer Pecorino

Wenn Sie frische Artischocken nehmen, eine Schüssel mit kaltem Wasser füllen und einige Zitronenscheiben und etwas Zitronensaft hinzufügen. So verhindert man, dass die Artischocken oxidieren.

Die harten Blattspitzen der Artischocken abschneiden. Mit einem scharfen Messer die äußeren Blätter und einen großen Teil des Stiels entfernen und die Artischocken in das Zitronenwasser legen, bis Sie alle Artischocken vorbereitet haben. Das Wasser anschließend weggießen und die Artischocken in einem großen Topf mit frischem Wasser bedecken. Etwas Zitronensaft hinzufügen, aufkochen und 25 Minuten köcheln lassen. Die Artischocken nach dem Kochen vierteln. Wenn Sie eingelegte Artischockenböden aus dem Glas nehmen, die Böden lediglich vierteln.

Die Nudeln in reichlich Salzwasser al dente kochen. In den letzten 2 Minuten die Bohnenkerne dazugeben. Nudeln und Bohnen abgießen und sofort in einer Schüssel mit Zitronenschale und -saft, Olivenöl, Zitronenthymian, Salz und Pfeffer mischen.

Den Pecorino mit einem Käsehobel oder Sparschäler in Späne hobeln und den Salat damit bestreuen. Die Artischocken vorsichtig unterheben und servieren.

Salate

Obwohl Quinoa wie Reis gekocht wird, ist es eigentlich kein Getreide, sondern gehört zur gleichen Familie wie Rote Bete und und Spinat. Hier wird es in einer Pilzbouillon gekocht. Nach dem Kochen verwandeln sich die Körner in kleine Spiralen.

Quinoasalat mit Petersilienpesto, gerösteten Haselnüssen und Pilzen

FÜR 4 PERSONEN
ZUBEREITUNG: 25 MINUTEN
KOCHZEIT: 25 MINUTEN

15 g getrocknete Pilze (z. B. Steinpilze)

30 g Butter

1 EL Olivenöl

250 g frische gemischte Pilze, große Pilze in Stücke geschnitten

2 Schalotten, fein gehackt

1 Knoblauchzehe, fein gehackt

175 g Quinoa

1 kräftige Prise Salz

100 g getrocknete Cranberrys

1 Portion Petersilienpesto (Seite 238; Mandel- durch Haselnusskerne ersetzen)

Zitronensaft

75 g Haselnusskerne, geröstet und grob gehackt

Die getrockneten Pilze in einen hitzebeständigen Messbecher füllen, mit 350 ml kochendem Wasser übergießen und einweichen lassen.

In einer hohen Pfanne die Hälfte der Butter mit dem Olivenöl zerlassen und die frischen Pilze einige Minuten bei starker Hitze unter Rühren anbraten. Anschließend in eine Schüssel füllen und beiseitestellen. Die restliche Butter in die Pfanne geben und die Schalotten einige Minuten bei mittlerer Hitze anschwitzen. Knoblauch und Quinoa dazugeben und etwa 5 Minuten unter Rühren anbraten, bis das Quinoa eine goldgelbe Farbe annimmt.

Die eingeweichten Pilze in ein Sieb abgießen und das Wasser auffangen. Die Pilze grob hacken und zum Quinoa geben. Das Einweichwasser angießen und aufkochen lassen. Das Salz hinzufügen, die Wärmezufuhr verringern und das Quinoa 18–20 Minuten köcheln lassen, bis es weich ist und die Flüssigkeit vollständig aufgesogen hat. Die Cranberrys und die gebratenen Pilze hinzufügen.

Den Salat mit 2 Esslöffeln Pesto und etwas Zitronensaft anmachen, mit 1 Löffel Pesto und den Haselnusskernen garnieren und – am besten heiß – genießen.

Ein absoluter Klassiker, den man auch mit den Fingern essen darf! Die Zutaten sind so gehaltvoll, dass man diesen Salat nicht als Beilage, sondern eher als Hauptgericht servieren sollte.

Avocadosalat mit Chicorée und Tortillas

FÜR 4 PERSONEN
ZUBEREITUNG: 20 MINUTEN
MARINIERZEIT: 10 MINUTEN
KOCHZEIT: ETWA 15 MINUTEN

2 Knoblauchzehen, durchgepresst

Saft und abgeriebene Schale von 2 Limetten

4 EL Olivenöl

Salz, Pfeffer

3 Weizen- oder Maistortillas

1 kleine rote Zwiebel, halbiert und in feine Scheiben geschnitten

1 TL Kreuzkümmelsamen, ohne Fett in der Pfanne geröstet

3 große Avocados, halbiert und die Kerne entfernt

2 Stauden roter Chicorée, die Strünke herausgeschnitten

5 Frühlingszwiebeln, fein geschnitten

1 kleines Bund Koriandergrün

Den Backofen auf 180 °C vorheizen. Den Knoblauch mit Limettenschale, Olivenöl, Salz und Pfeffer vermengen und mit einem Teil dieser Mischung die Tortillas bestreichen. Die Tortillas achteln, auf einem mit Backpapier ausgelegten Backblech verteilen und 12–15 Minuten in den Backofen schieben, bis sie goldbraun und knusprig sind. Nach der Hälfte der Zeit wenden und anschließend abkühlen lassen. Die gerösteten Tortillas können einige Tage in einem luftdicht verschlossenen Behälter aufbewahrt werden.

Die Zwiebel mit dem Limettensaft begießen und 10 Minuten ziehen lassen. Die restliche Knoblauchmischung und zum Schluss den Kreuzkümmel hinzufügen.

Die Avocados in Scheiben schneiden. Mit Chicoréeblättern, Frühlingszwiebeln und Koriandergrün in einer Schüssel vorsichtig durchmischen und den Salat sofort servieren, damit die Tortillas nicht weich werden.

Bei kleinen Samen (Alfalfa, Senf) benötigt man 2–3 Esslöffel, bei größeren (Mungbohnen, Weizen, Linsen) 75 Gramm und bei sehr großen (Erbsen, Mandeln, Kichererbsen) 200 Gramm.

Keimlinge selbst ziehen

1. Schritt

Die Samen 4–8 Stunden in reichlich kaltem Wasser einweichen. Dazu eignet sich am besten ein großes Glas. Wenn Sie ein Keimgefäß besitzen, folgen Sie einfach der Gebrauchsanweisung.

2. Schritt

Das Glas mit einem Stück Musselintuch oder einem Nylonstrumpf und einem Gummi verschließen. Durch das weitmaschige Gewebe kann die Luft frei zirkulieren. Ist der Stoff zu engmaschig, kann die Luft nicht zirkulieren und es kann sich Schimmel bilden.

3. Schritt

Das Glas umdrehen und das Wasser ablaufen lassen. Die Samen bleiben an den Wänden des Glases haften.

Keimlinge lassen sich aus allen Arten von Samen (Ölpflanzen, Hülsenfrüchte, Kreuzblütler etc.) ziehen.
Ich empfehle Ihnen vor allem Erbsen, Mandeln, Bohnen, Kichererbsen, Haselnuss- und Sonnenblumenkerne.

5. Schritt

Die Samen zweimal täglich mit frischem Wasser spülen, das Glas wieder mit dem Musselintuch verschließen und umgedreht im 45°-Winkel in den Auffangbehälter zurückstellen.

6. Schritt

Wie lange der Keimprozess dauert, ist von Korn zu Korn verschieden. Im Allgemeinen beginnt die Keimung am Ende des zweiten Tages und nach 3 bis 8 Tagen sind die Sprossen verzehrfertig. Die Samen auch während des Keimprozesses zweimal täglich abspülen, damit sie frisch bleiben. Die fertigen Keimlinge in den Kühlschrank stellen und für Salate, Suppen, Sandwiches oder Hummus verwenden – oder einfach zwischendurch knabbern.

4. Schritt

Das Glas mit der Öffnung nach unten im 45°-Winkel gegen die Wand eines Gefäßes lehnen, damit das Wasser herauslaufen kann, und die Samen so an einem kühlen, vor direkter Sonneneinstrahlung geschützten Ort ruhen lassen.

Keimlinge selbst ziehen 93

Besonders ansprechend sieht das Gericht aus, wenn man Kirschtomaten in verschiedenen Farben und Formen – orange, gelb, schwarz, rot, oval oder birnenförmig – verwendet.

Taboulé mit Kirschtomatensalat

FÜR 4 PERSONEN
ZUBEREITUNG: 15 MINUTEN
EINWEICHZEIT: 1 STUNDE

150 g Bulgur

2 große Bund glatte Petersilie

1 großes Bund Minze

½ Salatgurke, geschält, die Samen entfernt und fein gewürfelt

1 Bund Frühlingszwiebeln, fein geschnitten

Saft von 2 Zitronen

75 ml Olivenöl

Salz, Pfeffer

300 g Kirschtomaten, größere Tomaten halbiert

Den Bulgur mit reichlich heißem Wasser bedecken und 1 Stunde ruhen lassen. Anschließend abgießen und das überschüssige Wasser herauspressen. Petersilie und Minze fein schneiden und unter den Bulgur mischen. Dann nacheinander die Gurke und den größten Teil der Frühlingszwiebeln untermischen.

Den Zitronensaft mit dem Olivenöl verrühren und kräftig mit Salz und Pfeffer würzen. Einen Teil der Sauce über den Bulgur gießen, das Taboulé noch einmal abschmecken und auf vier Teller verteilen. Die Tomaten und die restliche Frühlingszwiebel darüberstreuen und mit der restlichen Sauce beträufeln.

94

Salate

Wenn Spargel Saison hat, ist es draußen manchmal noch ziemlich frisch. Da ist ein sättigender warmer Salat genau das Richtige. Die weichen, elastischen Graupen nehmen den Geschmack der Sauce wunderbar an.

Gegrillter Spargel mit Graupensalat und Schnittlauchsauce

FÜR 4 PERSONEN
ZUBEREITUNG: 20 MINUTEN
KOCHZEIT: 50 MINUTEN

2 EL Olivenöl

1 Stange Lauch, fein geschnitten

225 g Perlgraupen

500 ml Gemüsebrühe

1 Dose (400 g) weiße Bohnen, abgetropft

250 g grüner Spargel, die holzigen Enden abgeschnitten

Salz, Pfeffer

FÜR DIE SAUCE:

Saft von 2 Zitronen

1 Eigelb

Salz

75 ml Olivenöl

1 kleines Bund Schnittlauch, in Röllchen geschnitten + einige Stängel zum Garnieren (nach Belieben)

Pfeffer

1 Esslöffel Olivenöl in einem großen Schmortopf erhitzen und den Lauch 5 Minuten bei geringer Hitze unter Rühren glasig schwitzen. Die Graupen dazugeben, die Brühe angießen und aufkochen lassen. Die Wärmezufuhr verringern und die Graupen etwa 40 Minuten köcheln lassen, bis sie die Flüssigkeit vollständig aufgesogen haben. Sie sollten weich sein, aber noch Biss haben. Die Bohnen hinzufügen, das Ganze noch einmal 5 Minuten erhitzen, anschließend zudecken und beiseitestellen.

Inzwischen die Sauce zubereiten. Den Zitronensaft in einer Schüssel mit dem Schneebesen kräftig mit dem Eigelb und 1 Prise Salz verrühren. Nach und nach das Olivenöl, zuerst nur tropfenweise, hinzufügen und dabei laufend mit dem Schneebesen rühren, bis eine dicke, sämige Sauce entstanden ist. Die Hälfte des Schnittlauchs unterrühren und mit Salz und Pfeffer abschmecken.

Eine Grillpfanne bei starker Hitze heiß werden lassen. Die Spargelstangen in 1 Esslöffel Olivenöl wenden, kräftig mit Salz und Pfeffer würzen, nebeneinander in die sehr heiße Pfanne legen und 2–3 Minuten grillen. Den Spargel dabei laufend wenden.

Die Graupen auf vier vorgewärmte Schalen verteilen, den Spargel darauf anrichten, mit etwas Sauce überziehen, mit den restlichen Schnittlauchröllchen bestreuen und nach Belieben noch mit ein paar Schnittlauchstängeln garnieren.

»Chana chaat« heißt dieser Salat – eine köstliche Kombination von aromatischen Gewürzen, knackigen Granatapfelkernen und cremigem Joghurt – in seinem Herkunftsland Indien.

Indischer Salat mit Kichererbsen

FÜR 4 PERSONEN
ZUBEREITUNG: 25 MINUTEN
KOCHZEIT: 15 MINUTEN

½ Salatgurke, geschält, die Samen entfernt und in Würfel geschnitten

2 Tomaten, in Würfel geschnitten

Zitronensaft

1 kleines Bund Koriandergrün, grob gehackt + einige Blätter zum Garnieren

4 gehäufte EL Naturjoghurt

Kerne von 1 Granatapfel

2 große Papadams (indisches Fladenbrot), grob zerkleinert

FÜR DIE KICHERERBSEN:

1 kleine Zwiebel, halbiert und in dünne Scheiben geschnitten

2 cm Ingwerwurzel, gerieben

1 grüne Chilischote, die Samen entfernt und fein gehackt

2 EL Erdnussöl

1 Dose (400 g) Kichererbsen, abgetropft

½ TL Paprikapulver

1 TL Garam Masala

Salz, Pfeffer

Für die Kichererbsen die Zwiebel 5 Minuten mit Ingwer und Chilischote im Erdnussöl glasig schwitzen. Die Kichererbsen dazugeben und 5 Minuten anbräunen. Paprikapulver und Garam Masala hinzufügen und das Ganze noch 2 Minuten braten lassen. Den Topf vom Herd nehmen, die Kichererbsen kräftig mit Salz und Pfeffer abschmecken und abkühlen lassen.

In einer Schüssel die Gurke mit Tomaten, etwas Zitronensaft und dem Koriandergrün mischen und auf vier Teller verteilen. Die Kichererbsen darauf anrichten, den Joghurt darauf verteilen, die Granatapfelkerne und zum Schluss die Papadamstücke darüberstreuen.

Mit Korianderblättchen garnieren und sofort servieren, damit die Papadams nicht weich werden.

Feigen und Käse – eine perfekte Kombination. Achten Sie darauf, dass der Brie oder Camembert gerade reif ist und die Feigen schön saftig sind. Die Feigen können auch durch in Essig eingelegte Früchte (Seite 244) ersetzt werden.

Brunnenkressesalat mit Camembert und Feigen

FÜR 4 PERSONEN
ZUBEREITUNG: 25 MINUTEN
MARINIERZEIT: 1–2 STUNDEN
KOCHZEIT: 10 MINUTEN

200 ml Balsamico-Essig

100 g Zucker

2 Knoblauchzehen, halbiert und leicht zerdrückt

6 Zweige Thymian

6 große Feigen, halbiert

4 EL Walnussöl

Salz, Pfeffer

1 große Handvoll Brunnenkresse, dicke Stiele entfernt

150 g reifer Camembert oder Brie, in Scheiben geschnitten

75 g Walnusskerne, geröstet und grob gehackt

Den Essig mit Zucker, Knoblauch, 4 Thymianzweigen und 100 ml Wasser in einem Topf aufkochen und 1 Minute köcheln lassen, bis sich der Zucker aufgelöst hat. 5 Minuten abkühlen lassen, über die Feigen gießen und die Feigen 1–2 Stunden darin marinieren.

Thymian und Knoblauch entfernen und 5 Esslöffel der Marinade in ein kleines Schraubglas füllen. Die abgezupften Blätter der restlichen Thymianzweige, das Walnussöl und etwas Salz hinzufügen und kräftig mit Pfeffer würzen. Das Glas zuschrauben und kräftig schütteln.

Eine beschichtete Pfanne bei mittlerer bis starker Hitze heiß werden lassen. Die Feigen mit der Schnittfläche nach unten hineinlegen und etwa 1 Minute anbraten, bis sie karamellisiert sind. Die Pfanne vom Herd nehmen, die Feigen umdrehen und beiseitestellen.

Die Brunnenkresse in eine große Salatschüssel füllen, mit etwas Dressing beträufeln und durchmischen. Camembert, Nusskerne und Feigen dazugeben, den Salat auf vier Tellern anrichten und mit dem restlichen Dressing beträufeln.

Caesar-Salat einmal anders! Für diese ungewöhnliche Variante werden Salatherzen geröstet. Unbedingt darauf achten, dass der Salat beim Grillen nicht verbrennt, er verliert sonst seine Knackigkeit und seine schöne Farbe. Und schlaffe Salatblätter sind hier nicht erwünscht.

Gegrillter Caesar-Salat

FÜR 4 PERSONEN
ZUBEREITUNG: 15 MINUTEN
KOCHZEIT: 10 MINUTEN

1 Knoblauchzehe, durchgepresst

100 ml Olivenöl

6 kleine Salatherzen, der Länge nach halbiert

Salz, Pfeffer

1 Eigelb

1 TL Dijon-Senf

60 g Parmesan

Saft von ½ Zitrone

2 große Baguettestücke, der Länge nach halbiert

1 Handvoll fein geschnittene glatte Petersilie zum Bestreuen

Den Knoblauch mit dem Olivenöl verrühren. Die Salathälften mit einem Teil davon bepinseln und mit Salz und Pfeffer würzen.

Das Eigelb mit dem Schneebesen kräftig mit dem Senf und 1 Esslöffel geriebenem Parmesan verrühren. Nach und nach das restliche Knoblauchöl hinzufügen und dabei laufend weiter mit dem Schneebesen rühren. Zum Schluss den Zitronensaft und 1 Esslöffel Wasser einrühren.

Eine Grillpfanne bei starker Hitze heiß werden lassen. Die Salathälften mit der Schnittfläche nach unten hineinlegen und etwa 2 Minuten grillen, bis sie zu bräunen beginnen. Wenden und auf der anderen Seite nochmals etwa 2 Minuten grillen. So viel Parmesan reiben, dass sich die Salatherzen dünn damit bedecken lassen und diese anschließend auf 4 Teller verteilen.

Den Backofengrill auf mittlerer Stufe vorheizen und die 4 Baguettestücke auf beiden Seiten goldbraun rösten. Eine Seite jeweils mit etwas Sauce bestreichen und die Baguettes neben den Salatherzen anrichten. Mit der restlichen Sauce beträufeln und mit Petersilie und den restlichen Parmesanspänen bestreuen.

102

Salate

Toppings für Salate

2
Geröstete Semmelbrösel mit Knoblauch

Etwa 3 Esslöffel fruchtiges Olivenöl in einer großen Pfanne mit 2 durchgepressten Knoblauchzehen erhitzen und den Knoblauch einige Minuten bei geringer Hitze anschwitzen. 1 Handvoll Semmelbrösel dazugeben und bei mittlerer Hitze einige Minuten goldbraun rösten. Die Mischung anschließend abkühlen lassen.

1
Walnüsse mit Ahornsirup

100 g Walnusskerne mit 2 Esslöffeln Ahornsirup, 1 Esslöffel fein gehackten Rosmarinnadeln und 1 Prise Cayennepfeffer mischen. Kräftig mit Salz und Pfeffer abschmecken, die Mischung auf einem mit Backpapier ausgelegten Backblech verteilen und 15 Minuten bei 160 °C im Backofen rösten. Nach der Hälfte der Zeit die Nusskerne wenden. Abkühlen lassen und grob hacken.

Knusprige Körner mit Tahini

200 g gemischte Körner auf einem großen mit Backpapier ausgelegtem Backblech verteilen und 5 Minuten bei 180 °C im Backofen rösten. In einer Schüssel 2 Esslöffel Tahini (Sesampaste) mit 1 Esslöffel flüssigem Honig, ½ durchgepressten Knoblauchzehe und 1 Esslöffel Sesamöl verrühren. Die gerösteten Körner untermischen, die Mischung auf dem Backblech verstreichen und noch einmal für 5 Minuten in den Backofen schieben. Abkühlen lassen und bei Bedarf in kleine Stücke brechen und über Salate streuen.

4
Polentawürfel mit Oliven

250 g Instant-Polenta 3 Minuten unter Rühren in 1 Liter Gemüsebrühe köcheln lassen, bis sie eindickt. 1 Handvoll geriebenen Parmesan und 4 Esslöffel gehackte Oliven unterziehen und kräftig mit Salz und Pfeffer abschmecken. Die Polenta etwa 2,5 cm dick auf einem mit Backpapier ausgelegten Backblech verstreichen, abkühlen und fest werden lassen. Anschließend in 2,5 cm große Würfel schneiden und in Olivenöl anbräunen.

6
Pikante gebackene Kichererbsen

2 Dosen (800 g) Kichererbsen abtropfen lassen und mit 1 Esslöffel Olivenöl, 1 Prise Cayennepfeffer, 1 Teelöffel gemahlenem Kreuzkümmel und 1 Teelöffel gemahlenem Koriander mischen. Auf einem mit Backpapier ausgelegten Backblech verteilen und 45 Minuten bei 180 °C im Backofen knusprig und goldbraun backen. Das Blech dabei gelegentlich rütteln, damit die Kichererbsen gleichmäßig gebräunt werden.

5
Knusprige Parmesanchips

Ein großes Backblech mit Backpapier auslegen und kleine Häufchen geriebenen Parmesan darauf verteilen. Dabei auf ausreichenden Abstand achten, denn der Käse zerläuft beim Erhitzen. Das Blech 3–4 Minuten in den 200 °C heißen Backofen schieben, bis der Käse goldgelb ist und Blasen wirft. 1 Minute ruhen lassen und die Chips dann mit einem Pfannenwender vom Blech lösen. Abkühlen lassen, in Stücke brechen und über den Salat streuen.

Suppen

Viertes Kapitel

Wenn Sie mal keine Lust haben, sich an den Herd zu stellen, hier eine Suppe, die nicht gekocht werden muss. Alles, was Sie brauchen, ist ein Entsafter. Die Avocado verleiht dieser herrlichen Suppe Gehalt und Sämigkeit.

Kalte Gemüsesuppe mit Avocado

FÜR 4 PERSONEN
ZUBEREITUNG: 10 MINUTEN

3 große Möhren

50 g Spinat

4 Stangen Sellerie

3 cm frische Ingwerwurzel

2 große reife Avocados, halbiert und die Kerne entfernt

Saft von ½ Limette

1 EL Sojasauce

2–3 Tropfen Tabasco

Sesamöl und Korianderblätter zum Servieren

Das Gemüse – bis auf die Avocados – entsaften und den Saft im Mixer mit den Avocados glatt rühren. Mit Eiswasser auf 800 ml auffüllen. Limettensaft, Sojasauce und Tabasco hinzufügen und die Suppe noch einmal durchmixen.

Die Suppe mit Eiswürfeln und 1–2 Tropfen Sesamöl servieren und mit Korianderblättern garnieren.

Suppen

Diese frische, klare vietnamesische Gemüsesuppe kann als Vorspeise, als Teil eines asiatischen Menüs oder als leichte Mahlzeit serviert werden. Vegetarisches »nuoc mam« bekommt man in asiatischen Lebensmittelgeschäften, Sie können es aber auch durch etwas Sojasauce ersetzen.

Sauer-scharfe vietnamesische Gemüsesuppe

FÜR 4–8 PERSONEN
ZUBEREITUNG: 20 MINUTEN
KOCHZEIT: 15 MINUTEN

1 EL Erdnussöl

2 Schalotten, fein geschnitten

2 Stängel Zitronengras, mit dem Nudelholz zerdrückt

2 Knoblauchzehen, fein gehackt

2 EL Tamarindenmark

2 EL Zucker

750 ml Gemüsebrühe (Seite 236)

2 Stangen Sellerie, fein geschnitten

2 kleinere Tomaten, geachtelt

200 g frische Ananas, geschält, Strunk entfernt und klein geschnitten

125 g Okraschoten, in dicke Scheiben geschnitten

100 g Sojasprossen

2 EL vegetarisches *nuoc mam* (vietnamesische Fischsauce) oder Sojasauce

1 kleine Handvoll Thai-Basilikumblätter

Das Erdnussöl in einem großen Topf erhitzen und die Schalotten mit Zitronengras, Knoblauch, Tamarindenmark und Zucker 5 Minuten bei sehr geringer Hitze anschwitzen (das Gemüse darf keine Farbe annehmen). Die Brühe angießen und 5 Minuten köcheln lassen.

Sellerie, Tomaten, Ananas und Okras dazugeben und einige Minuten köcheln lassen. Die Sojasprossen hinzufügen und das Ganze weitere 5 Minuten kochen lassen. Zum Schluss das *nuoc mam* oder die Sojasauce hinzufügen und die Suppe gegebenenfalls noch einmal mit Tamarindenmark, *nuoc mam* oder Zucker abschmecken.

Das Thai-Basilikum dazugeben und die Suppe sofort in vorgewärmten Suppenschalen servieren.

Suppen

Der Liebstöckel ist ein Küchenkraut, dem man seltsamerweise wenig Beachtung schenkt. Diese geeiste Gurkensuppe gibt Ihnen Gelegenheit, sich von seinen Vorzügen zu überzeugen. Die Suppe ist kinderleicht zuzubereiten und muss nicht gekocht werden. Als Ersatz für den Liebstöckel eignet sich Selleriegrün.

Geeiste Gurkensuppe mit Liebstöckel

FÜR 4 PERSONEN
ZUBEREITUNG: 15 MINUTEN

2 Salatgurken, geschält und in dicke Scheiben geschnitten
200 g Crème fraîche
200 g Naturjoghurt
1 EL fein geschnittene Liebstöckelblätter
Salz, Pfeffer

Die Gurken mit 180 g Crème fraîche, dem Joghurt und dem Liebstöckel im Mixer glatt rühren. Mit Salz und Pfeffer abschmecken und einige Stunden in den Kühlschrank stellen.

Die Suppe mit der restlichen Crème fraîche und mit Liebstöckelblättern garnieren und mit Eiswürfeln servieren.

Diese Suppe muss nach Sonne schmecken! Das Gemüse sollte also absolut frisch und reif sein. Wer dem Ganzen noch die Krone aufsetzen möchte, kann sie noch mit klein geschnittenen schwarzen Oliven und ein paar Oreganoblättchen garnieren.

Andalusischer Gazpacho

FÜR 4 PERSONEN
ZUBEREITUNG: 20 MINUTEN
KÜHLZEIT: MINDESTENS 2 STUNDEN

700 g Tomaten

2 rote Paprikaschoten, halbiert und Samen und Scheidewände entfernt

1 große Salatgurke

1 Knoblauchzehe, durchgepresst

½ Ciabatta, klein gewürfelt

4 EL Sherryessig

Salz, Pfeffer

100 ml Olivenöl

2 TL Zucker

Sambal Oelek zum Servieren (nach Belieben)

Basilikumblätter zum Garnieren

2 Tomaten, ½ Paprikaschote und ¼ Gurke beiseitelegen.

Das restliche Gemüse grob hacken und mit Knoblauch und Ciabattawürfeln im Mixer grob pürieren. Die Suppe in eine Schüssel füllen, den Essig und 200 ml kaltes Wasser unterrühren und mit Salz und Pfeffer abschmecken. Zudecken und mindestens 2 Stunden, am besten aber über Nacht, in den Kühlschrank stellen. Während die Suppe ruht, saugt sich das Brot damit voll und die Zutaten entfalten ihr Aroma.

Vor dem Servieren die restlichen Tomaten enthäuten. Die Tomaten dazu am Stielansatz kreuzweise einritzen, mit kochendem Wasser überbrühen, kurz abschrecken und die Schalen abziehen. Das Fruchtfleisch anschließend fein würfeln. Die Paprikaschote und die Gurke ebenfalls fein würfeln.

Das Olivenöl in die Suppe rühren und gegebenenfalls noch einmal mit Zucker, Sambal Oelek, Essig, Salz oder Pfeffer abschmecken oder die Suppe mit etwas Eiswasser verdünnen. Der Gazpacho sollte Pep haben. Er darf also ruhig ein bisschen pikant sein.

Die Suppe auf gekühlte Suppenschalen verteilen, mit den Gemüsewürfeln und dem Basilikum garnieren und mit Eiswürfeln servieren.

Lassen Sie sich nicht davon abschrecken, dass die Trauben für diese feine, ungewöhnliche Suppe geschält werden sollen. Wenn Ihnen dazu die Zeit oder die Geduld fehlt, können Sie auf das Schälen auch verzichten.

Weißer Gazpacho

FÜR 4 PERSONEN
ZUBEREITUNG: 20 MINUTEN
EINWEICHZEIT: 20 MINUTEN
KÜHLZEIT: MINDESTENS 2 STUNDEN

150 g Mischbrot, in Stücke geschnitten

250 ml Milch

2 Knoblauchzehen, fein gehackt

75 g geschälte Mandeln + 25 g zum Garnieren

Salz

175 ml Olivenöl

2 EL Sherryessig

Pfeffer

150 g weiße Trauben, geschält und halbiert

Das Brot mit der Milch in eine Schüssel geben und 20 Minuten einweichen lassen.

Anschließend mit Knoblauch, Mandeln und 1 Prise Salz im Mixer pürieren.

Ohne den Mixer auszuschalten, das Öl in einem feinen Strahl zugeben. Die Mischung in eine Schüssel füllen, den Essig und 420 ml Wasser unterrühren und mit Salz und Pfeffer abschmecken.

Den Gazpacho zudecken und mindestens 2 Stunden, am besten sogar über Nacht, in den Kühlschrank stellen. Die Suppe auf gekühlte Suppenschalen verteilen, mit Trauben und Mandeln bestreuen und servieren.

Ihre rauchige Note verdankt diese Suppe den Chipotle-Chilischoten, durch Räuchern haltbar gemachten Jalapeños, die eingelegt im Glas oder getrocknet angeboten werden. Letztere müssen vor dem Gebrauch eingeweicht werden. Am besten schmeckt die Suppe, wenn man sie 1–2 Tage im Voraus zubereitet.

Schwarze-Bohnen-Suppe mit getrockneten Tomaten

FÜR 4 PERSONEN
ZUBEREITUNG: 20 MINUTEN
KOCHZEIT: 55 MINUTEN

FÜR DIE SALSA:

- 1 kleine rote Zwiebel, sehr fein gehackt
- 1 EL Sonnenblumenöl
- 100 g Maiskörner
- 1 rote Chilischote, die Samen entfernt und fein gehackt
- Salz, Pfeffer
- Limettensaft
- 1 kleines Bund Koriandergrün

FÜR DIE SUPPE:

- 1 EL Sonnenblumenöl
- 2 rote Zwiebeln, gehackt
- 3 Knoblauchzehen, fein gehackt
- 2 TL pürierte Chipotle-Chilischoten (geräucherte Jalapeños)
- 1 TL frischer oder getrockneter Oregano
- 1 EL Kreuzkümmelsamen
- 12 getrocknete Tomatenhälften
- 700 g schwarze Bohnen, gekocht
- 750 ml Gemüsebrühe (Seite 236)
- Limettensaft
- Sauerrahm zum Servieren

Für die Salsa die Zwiebel 5 Minuten goldgelb im Öl anschwitzen. Die Wärmezufuhr danach erhöhen, den Mais und die Chilischote hinzufügen und unter Rühren erhitzen, bis die Maiskörner an den Rändern braun werden. Die Pfanne vom Herd nehmen und den Mais mit Salz, Pfeffer und etwas Limettensaft abschmecken.

Für die Suppe das Öl in einem großen Topf erhitzen und die Zwiebeln bei geringer Hitze glasig schwitzen. Knoblauch, Chipotle-Püree, Oregano und Kreuzkümmel dazugeben und das Ganze weitere 5 Minuten erhitzen, bis der Kreuzkümmel sein Aroma entfaltet.

Die Tomaten und die Bohnen hinzufügen und die Gemüsebrühe angießen. Aufkochen und 30 Minuten köcheln lassen. Die Suppe anschließend im Mixer glatt rühren und noch einmal mit Salz, Pfeffer und etwas Limettensaft abschmecken.

Das Koriandergrün in die Salsa rühren.

Die Suppe auf vorgewärmte Suppenschalen verteilen, mit je 1 Löffel Sauerrahm und Salsa garnieren und servieren.

Das Gemüsehacken ist zwar ein bisschen anstrengend, aber dafür ist die Suppe kinderleicht zuzubereiten, und jeder wird davon begeistert sein. Die Crème fraîche muss nicht sein, macht die Suppe aber schön samtig. Und was übrig bleibt, kann man am nächsten Tag noch kalt servieren. Das Gemüse sieht dann zwar nicht mehr ganz so frisch aus, dem Geschmack tut dies aber keinen Abbruch.

Sommerliche Minestrone

FÜR 4 PERSONEN
ZUBEREITUNG: 15 MINUTEN
KOCHZEIT: 45 MINUTEN

2 EL Olivenöl

2 Knoblauchzehen, fein gehackt

2 Schalotten, fein gehackt

2 Stangen Sellerie, fein gehackt

1 Knolle Fenchel, fein gehackt

200 g Flageoletbohnen

200 g frisch ausgepalte Erbsen

150 g grüne Bohnen, in Stücke geschnitten

250 g grüner Spargel, in Stücke geschnitten

950 ml Gemüsebrühe (S. 236)

1 Handvoll Minzeblätter

1 Handvoll Basilikum

75 g Crème fraîche

Salz, Pfeffer

4 EL frisches Pesto (Seite 238) zum Servieren

Das Öl in einem großen Topf erhitzen und den Knoblauch mit Schalotten, Sellerie und Fenchel etwa 10 Minuten darin anschwitzen.

Je die Hälfte der Bohnenkerne, der Erbsen, der grünen Bohnen und des Spargels dazugeben und 5 Minuten unter Rühren anschwitzen. Die Brühe angießen, aufkochen und das Gemüse etwa 25 Minuten köcheln lassen.

Das restliche Gemüse in den Topf geben und das Ganze nochmals 5 Minuten kochen lassen. Den Topf anschließend vom Herd nehmen. Ist die Suppe zu dick, noch etwas heißes Wasser hinzufügen. Die Minze, das Basilikum und die Crème fraîche einrühren; mit Salz und Pfeffer abschmecken.

Die Suppe auf vorgewärmte Suppenschalen verteilen, jeweils mit 1 Löffel Pesto garnieren und servieren.

Suppen

Wie Goldbarren leuchten die Butternusskürbiswürfel in dieser cremigen weißen Suppe. Noch samtiger wird sie, wenn man sie mit 500 g Kartoffeln zubereitet.

Butternusskürbiscreme mit Mais

FÜR 4 PERSONEN
ZUBEREITUNG: 20 MINUTEN
KOCHZEIT: 25 MINUTEN

1 kleiner Butternusskürbis

40 g Butter

1 kleine Zwiebel, fein gehackt

1 Knolle Fenchel, fein gehackt

1 Möhre, fein gewürfelt

1 Knoblauchzehe, fein gehackt

½ getrocknete Chilischote

2 EL Mehl

700 ml Gemüsebrühe (Seite 236)

200 ml Milch

2 Maiskolben, die Körner abgestreift

1 kleines Bund Dill, fein geschnitten

Salz, Pfeffer

Limettensaft

Den Kürbis mit dem Sparschäler schälen, der Länge nach halbieren, die Kerne entfernen und das Fruchtfleisch grob würfeln.

Die Butter in einem großen, hohen Topf zerlassen und die Zwiebel mit Fenchel, Möhre und Knoblauch 10 Minuten bei geringer Hitze glasig schwitzen. Dabei häufig umrühren. Die Chilischote und das Mehl hinzufügen und das Ganze 1 Minute unter Rühren kochen lassen. Die Kürbiswürfel dazugeben und die Brühe angießen. Aufkochen und 10 Minuten köcheln lassen, bis der Kürbis weich ist.

Die Milch einrühren, Maiskörner und Dill hinzufügen und die Suppe nochmals 5 Minuten köcheln lassen. Kräftig mit Salz und Pfeffer würzen und zum Schluss mit etwas Limettensaft abschmecken.

Suppen

Sie suchen nach einer leichten Vorspeise als Auftakt zu einer üppigen Mahlzeit? Dann ist diese klare, purpurrote Bouillon die perfekte Einstimmung. Greifen Sie für diese wundervolle Suppe aber möglichst nicht zu eingelegter Roter Bete aus dem Glas, sondern machen Sie sich die Mühe und nehmen Sie die frischen Knollen mit dem unvergleichlichen, süßlich-erdigen Geschmack.

Rote-Bete-Bouillon mit Steinpilzen

FÜR 4 PERSONEN
ZUBEREITUNG: 10 MINUTEN
KOCHZEIT: 40 MINUTEN
RUHEZEIT: 20 MINUTEN

- 20 g getrocknete Steinpilze
- 3 große Rote-Bete-Knollen, geschält und in große Stücke geschnitten
- 2 Möhren, grob gehackt
- 1 Stange Sellerie, grob gehackt
- 1 Handvoll Kerbel + einige Stängel zum Garnieren
- Zitronensaft
- 1 TL Zucker
- Salz, Pfeffer

Pilze, Gemüse und Kerbel mit 800 ml Wasser in einen großen Topf geben, bei geringer Hitze aufkochen und 30 Minuten köcheln lassen. Den Topf vom Herd nehmen, die Brühe 20 Minuten ruhen lassen und danach durch ein feines Sieb seihen. Die Steinpilze und etwa ein Drittel der Rote-Bete-Stücke aufheben.

Beides in kleine Stücke schneiden und wieder zur Brühe geben. Mit etwas Zitronensaft, Zucker, Salz und Pfeffer abschmecken.

Die Bouillon auf Suppenschalen verteilen und mit kleinen Kerbelzweigen garnieren.

Diese Selleriesuppe ist einfach himmlisch und schmeckt noch besser, wenn man sie bereits am Vortag zubereitet, damit sie schön durchziehen kann. Vor dem Servieren muss sie dann nur noch einmal erhitzt werden. Und auch kalt schmeckt sie vorzüglich.

Selleriesuppe mit weißen Bohnen und Chermoula

FÜR 4 PERSONEN
ZUBEREITUNG: 20 MINUTEN
KOCHZEIT: 35 MINUTEN

1 Knolle Sellerie (etwa 500 g), geschält und in Würfel geschnitten

Zitronensaft

2 Stangen Sellerie, fein gehackt

1 Zwiebel, fein gehackt

2 Knoblauchzehen, gehackt

2 EL Olivenöl

300 g große weiße Bohnenkerne, gekocht

½ TL Salz

2 EL Crème fraîche (nach Belieben)

4 EL Chermoula (Seite 244)

Die Selleriewürfel in Zitronenwasser legen, damit sie sich nicht verfärben.

Den Stangensellerie 10 Minuten mit Zwiebel und Knoblauch im Olivenöl glasig schwitzen. Den Knollensellerie dazugeben und 5 Minuten anschwitzen. Die Bohnenkerne hinzufügen, 800 ml Wasser angießen, das Salz hinzufügen, aufkochen und etwa 20 Minuten köcheln lassen.

Das Gemüse mit der Brühe in den Mixer gießen, gegebenenfalls die Crème fraîche hinzufügen und das Ganze glatt rühren. Noch cremiger wird die Suppe, wenn man sie anschließend noch durch ein feines Sieb passiert.

Die Suppe noch einmal abschmecken und sehr heiß oder gut gekühlt mit 1 Esslöffel Chermoula pro Teller servieren.

Suppen

Brot
Fünftes Kapitel

Feiner wird die Krume, wenn man nur weißes Mehl verwendet, und der nussige Geschmack wird noch intensiver, wenn Sie das Vollkornweizenmehl durch Roggen- oder Dinkelmehl ersetzen. Dass der Teig zunächst klebrig und grob ist, ist ganz normal. Und denken Sie beim Kneten daran: Immer schön locker bleiben …

Schnelles Brot

ERGIBT 1 GROSSEN LAIB
ZUBEREITUNG: 15 MINUTEN
BACKZEIT: 45 MINUTEN

250 g Weizenmehl
250 g Vollkornweizenmehl
1 EL Zucker
1 TL Backnatron
1 TL Salz
30 g kalte Butter, in kleinen Stücken
650 ml Buttermilch

Den Backofen auf 200 °C vorheizen und ein Backblech mit Backpapier auslegen.

Beide Mehlsorten – bis auf 1 Esslöffel – in eine Schüssel sieben. Zucker, Backnatron und Salz hinzufügen und die Butter mit den Fingern unterkneten.

Die Buttermilch rasch mit einem Spatel einarbeiten, bis ein grober Teig entstanden ist. Den Teig zu einer Kugel formen, ohne ihn dabei zu sehr zu kneten, und auf das Backblech legen. Die Kugel oben mit einem scharfen Messer kreuzweise einritzen, mit dem restlichen Mehl bestäuben und das Brot etwa 45 Minuten goldbraun backen. Es ist fertig, wenn es beim Daranklopfen hohl klingt.

Das Brot auf einem Kuchengitter auskühlen lassen. Bevorzugen Sie eine eher weiche Kruste, das Brot dabei mit einem sauberen Geschirrtuch abdecken.

Brot

Die Pane Cunzatu, eine sizilianische Spezialität, ist eigentlich eine Variante der Pizza. Sie eignet sich sehr gut zum Einfrieren. Legen Sie also am besten immer gleich eines der beiden Brote in die Kühltruhe und Sie haben jederzeit eine kleine Stärkung für hungrige Mäuler parat. Einfach im Backofen aufbacken. Schmeckt fast wie frisch gebacken.

Pane Cunzatu mit Oliven

ERGIBT 2 GROSSE LAIBE
ZUBEREITUNG: 30 MINUTEN
RUHEZEIT: 100 MINUTEN
BACKZEIT: 30 MINUTEN

1 TL Zucker

½ Würfel Hefe

500 g Mehl (Type 550) + Mehl für die Arbeitsfläche

1 EL Salz

2 EL Maisstärke oder Polentamehl für das Backblech

Olivenöl

Meersalz

FÜR DEN BELAG:

1 große Handvoll Basilikumblätter

20 schwarze Oliven, entsteint

150 g eingelegte gegrillte Paprikaschoten, abgetropft

1 Kugel Mozzarella, gewürfelt

In einer großen Schüssel den Zucker mit der zerbröckelten Hefe und 350 ml lauwarmem Wasser verrühren und die Mischung 10 Minuten ruhen lassen. Die Hälfte des Mehls sorgfältig mit einem Löffel unterrühren und das Ganze nochmals etwa 15 Minuten an einem warmen Platz ruhen lassen.

Das Salz und das restliche Mehl hinzufügen und zunächst mit einem Holzkochlöffel und danach mit den Händen untermischen, bis ein grober Teig entstanden ist. Den Teig anschließend etwa 10 Minuten auf der leicht bemehlten Arbeitsfläche durchkneten, bis er glatt und elastisch ist. Der Teig wird anfangs sehr klebrig sein. Fügen Sie aber keinesfalls mehr Mehl hinzu, sonst wird das Brot nicht schön locker. Den Teig in eine mit Öl eingefettete Schüssel legen, mit einem sauberen, angefeuchteten Geschirrtuch abdecken und 1 Stunde an einem warmen Platz (am besten in einem gut durchlüfteten Schrank) gehen lassen, bis er sein Volumen verdoppelt hat.

Den Backofen auf 200 °C vorheizen. Ein großes Backblech mit Öl einfetten und mit der Maisstärke oder dem Polentamehl bestäuben. Die Luft mit der Faust aus dem Teig schlagen, den Teig in 2 Portionen teilen und auf der bemehlten Arbeitsfläche zu 20 × 30 cm großen Rechtecken formen. Mit den Basilikumblättern bestreuen, mit Oliven, Paprikaschoten und Mozzarella belegen und mit etwas Olivenöl beträufeln. Den Teig anschließend von der langen Seite her aufrollen, sodass die Füllung darin verschlossen ist.

Die Brote mit sauberen, feuchten Geschirrtüchern abdecken und nochmals 15 Minuten gehen lassen. Mit Olivenöl beträufeln, mit Meersalz bestreuen und 30 Minuten backen, bis der Teig leicht gebräunt und aufgegangen ist. Die Brote vor dem Anschneiden mindestens 10 Minuten auf einem Kuchengitter abkühlen lassen.

Lassen Sie sich bloß nicht weismachen, zum Brotbacken bedürfe es besonderer Fähigkeiten. Mit etwas Geduld (damit das Brot sein unwiderstehliches Aroma entfalten kann, muss es relativ lange ruhen) und ein bisschen Anstrengung (beim Kneten) werden Sie ein wunderbar kräftiges Brot mit herrlich weicher Krume zaubern.

Rustikales Brot

ERGIBT 1 LAIB
ZUBEREITUNG: 15 MINUTEN
RUHEZEIT: 17–20 STUNDEN
BACKZEIT: ETWA 45 MINUTEN

250 g Vollkornweizenmehl + Mehl für die Arbeitsfläche

250 g Weizenmehl (Type 550)

1 Päckchen Trockenhefe

1½ TL Salz

Sonnenblumenöl

Beide Mehlsorten, Hefe und Salz in einer großen Schüssel mischen. 375 ml Wasser hinzufügen und das Ganze, zunächst mit einem Holzkochlöffel und danach mit den Händen, zu einem sehr weichen, klebrigen Teig verarbeiten. Den Teig keinesfalls zu lange durcharbeiten, auch wenn er in diesem Stadium noch sehr »unfertig« aussieht. Die Schüssel mit Frischhaltefolie abdecken und den Teig 15–18 Stunden an einem warmen Platz ruhen lassen.

Den Teig anschließend mit leicht bemehlten Händen auf der ebenfalls leicht bemehlten Arbeitsfläche mehrfach zusammenfalten. Ein Stück Frischhaltefolie mit Öl einfetten, das Brot in die Folie einschlagen und 15 Minuten ruhen lassen.

Den Teig danach – wiederum mit bemehlten Händen auf der bemehlten Arbeitsfläche – zu einer Kugel formen und auf ein mit Vollkornmehl bestäubtes Stück Backpapier legen. Mit einem sauberen Geschirrtuch abdecken und nochmals 2 Stunden gehen lassen, bis er sein Volumen verdoppelt hat.

Kurz vor Ende der Gehzeit eine große feuerfeste Terrine mit Deckel in den Backofen stellen und den Ofen auf 220 °C vorheizen. Sobald die Temperatur erreicht ist, die Terrine herausnehmen (Vorsicht, dass Sie sich nicht verbrennen!), den Teig hineinlegen und den Deckel aufsetzen. Das Brot 30 Minuten backen, den Deckel danach abnehmen und das Brot noch etwa 15 Minuten goldbraun backen. Das Brot aus der Terrine nehmen und auf einem Kuchengitter auskühlen lassen.

Die Pizza bianca ist keine Pizza im eigentlichen Sinn, sondern eher ein Fladenbrot. Der Teig ist dicker, lockerer und weicher als bei einer traditionellen Pizza. Die Zutaten sind zwar ganz einfach, aber die Kombination macht's! Die Pizza bianca genießt man frisch aus dem Ofen zu einer Suppe, einem Salat oder gebratenem Gemüse.

Pizza bianca

FÜR 4 PERSONEN
ZUBEREITUNG: 15 MINUTEN
RUHEZEIT: 1 STUNDE
BACKZEIT: 5–10 MINUTEN PRO PIZZA

250 g Mehl (Type 405)

250 g Mehl (Type 550)

1 Päckchen Trockenhefe

2 TL Salz

4 EL Olivenöl

Maisstärke oder Polentamehl für das Backblech

einige Zweige Rosmarin, Nadeln abgestreift

Meersalz

Beide Mehlsorten in der Küchenmaschine mit Hefe, Salz und 320 ml Wasser verrühren. 1 Esslöffel Olivenöl hinzufügen und den Teig 5–8 Minuten im Brotbackautomaten oder 10 Minuten mit den Händen auf der leicht bemehlten Arbeitsfläche durchkneten, bis er glatt und elastisch ist. In eine mit Öl eingefettete Schüssel legen, mit Frischhaltefolie abdecken und 1 Stunde an einem warmen Platz ruhen lassen.

Den Backofen auf 230 °C vorheizen und den Pizzastein (sofern Sie einen besitzen) in den Ofen geben.

Die Luft mit der Faust aus dem Teig herausschlagen. Den Teig in 4 Portionen teilen und eine Portion auf der leicht bemehlten Arbeitsfläche zu einer etwa 1 cm dicken Scheibe ausrollen. Ein Backblech mit Maisstärke oder Polentamehl bestäuben und die Scheibe darauflegen. Mit etwas Olivenöl beträufeln, mit Rosmarin und Meersalz bestreuen und das Blech in den Ofen schieben. Oder den Teig vorsichtig auf den Pizzastein gleiten lassen und die Pizza einige Minuten backen. Die Backzeit variiert je nach Backofen, sollte aber 8–10 Minuten keinesfalls überschreiten. Während die erste Pizza im Ofen ist, die zweite vorbereiten. Die Pizzas nacheinander backen und frisch aus dem Ofen servieren.

136

Diese Brötchen sind im Handumdrehen gebacken und kommen ohne Hefe aus. Der Teig lässt sich selbstverständlich auch zu einem großen Brot verarbeiten. Bei den übrigen Zutaten können Sie nach Lust und Laune mit anderen Kräutern oder einem anderen Gemüse variieren. Die Brötchen schmecken am besten warm, etwa zu einer Suppe.

Pastinaken-Rosmarin-Brötchen

ERGIBT 6 STÜCK
ZUBEREITUNG: 15 MINUTEN
BACKZEIT: 25 MINUTEN

Olivenöl
220 g Pastinaken, geraspelt
275 g Mehl
2 TL Backpulver
1 EL Rosmarinnadeln + einige kleine Rosmarinzweige
1 TL Salz
2 Eier, verquirlt
2 EL Milch

Den Backofen auf 190 °C vorheizen. Ein Backblech mit Öl einfetten und mit Backpapier auslegen.

Die Pastinaken in einer großen Schüssel mit Mehl, Backpulver, Rosmarin und Salz vermengen. In die Mitte eine Vertiefung drücken und die Eier mit der Milch hineingeben. Die Zutaten mit einem Messer rasch zu einem groben Teig verarbeiten (den Teig keinesfalls zu stark durcharbeiten). Den Teig in 6 Portionen teilen und zu kleinen Kugeln formen. Diese oben mit einem scharfen Messer einritzen und jeweils 1 Rosmarinzweig in die Schlitze stecken. Die Brötchen mit etwas Olivenöl beträufeln und 25–30 Minuten goldbraun backen.

Die Brötchen schmecken am besten frisch aus dem Ofen, ansonsten lässt man sie auf einem Kuchengitter auskühlen.

Brot

In letzter Minute

Sechstes Kapitel

Ein vollwertiges, sättigendes und ausgewogenes Gericht, das obendrein im Handumdrehen fertig ist. Tempeh, die indonesische Variante des Tofu, wird aus fermentierten Sojabohnen hergestellt. Ersatzweise eignet sich fester Tofu oder Panir, ein schnittfester indischer Frischkäse.

Eiernudeln mit mariniertem Tempeh und grünem Gemüse

FÜR 2 PERSONEN
ZUBEREITUNG: 15 MINUTEN
MARINIERZEIT: 10–30 MINUTEN
KOCHZEIT: 10 MINUTEN

- 4 cm Ingwerwurzel, gehackt
- Saft und abgeriebene Schale von 1 kleinen Bio-Orange
- 2 EL milder Honig
- 2 EL Tamarindenmark (im Asialaden)
- 2 EL Sojasauce
- 250 g Tempeh, in 2 cm dicke Scheiben geschnitten
- 125 g mitteldicke Eiernudeln
- Sesamöl
- 2 EL Erdnussöl
- 1 grüne Chilischote, die Samen entfernt und fein gehackt
- 1 Knoblauchzehe, fein gehackt
- 150 g grünes asiatisches Gemüse (z. B. Pak Choi oder Brokkoli), fein geschnitten
- 2 TL Gomasio (Sesamsalz, Seite 236)
- 2 Frühlingszwiebeln, fein geschnitten

In einer Schüssel die Hälfte des Ingwers mit Orangenschale, Honig, Tamarindenmark und 1 Esslöffel Sojasauce mischen. Die Tempeh-Scheiben in der Marinade wenden und, wenn Sie genug Zeit haben, 10–30 Minuten darin marinieren.

Die Nudeln nach Packungsanweisung kochen, unter fließendem kaltem Wasser abschrecken und abtropfen lassen. Mit etwas Sesamöl beträufeln und durchmischen, damit sie nicht zusammenkleben. 1 Esslöffel Erdnussöl in einem großen Wok oder einer Bratpfanne erhitzen. Sobald das Öl sehr heiß ist, die Tempeh-Scheiben auf beiden Seiten einige Minuten goldbraun braten. Aus dem Wok oder der Pfanne nehmen und auf einen Teller legen.

Das restliche Erdnussöl im Wok erhitzen und den restlichen Ingwer 1 Minute unter Rühren mit Chilischote und Knoblauch anbraten. Gemüse und Tempeh dazugeben, den Orangensaft hinzufügen und das Gemüse unter Rühren garen, bis es anfängt, weich zu werden.

Die Nudeln untermischen, das Gericht auf zwei vorgewärmte Teller verteilen, mit ein paar Tropfen Sesamöl beträufeln, mit Gomasio und Frühlingszwiebeln bestreuen und mit der restlichen Sojasauce servieren.

In letzter Minute

Im Nu zubereitet ist dieses pikante, appetitanregende Gemüsecarpaccio, das sich hervorragend als leichtes Mittag- oder Abendessen eignet. Wer großen Hunger hat, kann es noch mit etwas gehobeltem Käse anreichern.

Carpaccio von Sommergemüse mit Meerrettichsauce

FÜR 2 PERSONEN
ZUBEREITUNG: 15 MINUTEN

2 kleine, reife, aber feste Avocados, halbiert und die Kerne entfernt

Saft von ½ Zitrone

2 kleine rote Rettiche (ersatzweise Radieschen) mit Grün

3 kleine Möhren

2 kleine Zucchini

6 cm Salatgurke, geschält, halbiert und die Samen entfernt

1 EL Olivenöl

Salz, Pfeffer

3 EL Meerrettichsauce (Seite 238)

1 EL Gartenschaumkraut oder Erbsensprossen

Die Avocados der Länge nach abschälen und mit einem scharfen Messer oder Gemüsehobel in hauchdünne Scheiben schneiden. Die Scheiben anschließend in Zitronensaft wenden, damit sie sich nicht verfärben.

Die Rettiche in dünne Scheiben schneiden, das Grün aufheben. Möhren und Zucchini der Länge nach in dünne Scheiben schneiden. Die Gurke mit dem Gurkenhobel oder Sparschäler in hauchdünne Streifen hobeln. Das Rettichkraut, den restlichen Zitronensaft, die Avocados und das Olivenöl dazugeben und die Zutaten vorsichtig durchmischen. Mit Salz und Pfeffer abschmecken und auf 2 Teller verteilen. Mit Meerrettichsauce beträufeln und mit Gartenschaumkraut oder Erbsensprossen bestreuen.

In letzter Minute

Eine Komposition, die praktisch alle Geschmacksrichtungen und Texturen in sich vereint: salzig, säuerlich und süßlich, aromatisch, weich und knusprig. Die angegebenen Zutatenmengen sind ausreichend für eine Vorspeise für drei Personen oder eine sommerliche Hauptmahlzeit für zwei Personen. Damit's noch schneller geht, die Sauce am besten im Voraus zubereiten und im Kühlschrank aufbewahren.

Möhrenbratlinge mit Koriander, Halloumi und Zitronensauce

FÜR 2 ODER 3 PERSONEN
ZUBEREITUNG: 15 MINUTEN
KÜHLZEIT: 30 MINUTEN
KOCHZEIT: ETWA 10 MINUTEN

250 g Halloumi (zyprischer Grillkäse aus Schafsmilch)

4 große Möhren, geraspelt

5 Frühlingszwiebeln, fein geschnitten

1 Bund Koriandergrün, fein geschnitten

1 EL Koriandersamen, geröstet und zerstoßen

20 g Kichererbsenmehl oder herkömmliches Mehl

2 Eier, verquirlt

Salz, Pfeffer

3 EL Olivenöl

1 Handvoll Rucola

4 EL Zitronensauce (Seite 238)

50 g Halloumi raspeln und mit den Möhren mischen. Den restlichen Käse in Scheiben schneiden und beiseitestellen. Frühlingszwiebeln, Koriandergrün und -samen, Kichererbsenmehl und Eier unter die Möhren mischen und sparsam mit Salz und Pfeffer würzen. 12 kleine Kugeln aus der Mischung formen, mit der Hand etwas flach drücken und auf ein Küchenbrett legen. Wenn Sie genügend Zeit haben, die Taler noch 30 Minuten im Kühlschrank fest werden lassen.

Das Öl in einer Pfanne erhitzen und die Taler auf jeder Seite 2 Minuten goldbraun braten. Auf einem Teller bei geringer Hitze im Backofen warm halten. Dann die Käsescheiben in dem in der Pfanne verbliebenen Öl auf jeder Seite 1–2 Minuten braten, bis sie leicht angebräunt sind.

Auf zwei oder drei Tellern die Bratlinge abwechselnd mit den Käsescheiben schichten, mit Rucola garnieren und mit der Zitronensauce beträufeln.

In letzter Minute

Das ideale Essen, wenn Sie sich abends nicht mehr lange in die Küche stellen wollen. Wichtig ist, dass die Auberginen schön weich sind, wenn Sie sie mit der Misomischung bestreichen. Wer den Geschmack von Sesam gerne mag, kann die Misomischung noch mit etwas Sesamöl verfeinern.

Auberginen mit Miso

FÜR 4 PERSONEN
ZUBEREITUNG: 15 MINUTEN
KOCHZEIT: 6–8 MINUTEN

- 2 EL weiße Misopaste (im Asialaden)
- 2 EL Zucker
- 1 EL *mirin* (süßer japanischer Reiswein, im Asialaden)
- 1 EL Reisessig
- 4 kleine Auberginen
- 2 EL Erdnussöl
- 2 Frühlingszwiebeln, fein geschnitten
- 2 EL Gartenschaumkraut, Shiso (Perilla-Blätter) oder Korianderblätter
- 2 TL Sesamsamen, leicht geröstet
- gedämpfter Reis und eingelegter Ingwer zum Servieren

Die Misopaste mit Zucker, *mirin* und Reisessig glatt rühren. Die Auberginen in 3 cm dicke Scheiben schneiden und mit Erdnussöl bestreichen. Den Backofengrill auf mittlerer Stufe vorheizen. Die Auberginenscheiben nebeneinander auf ein Backblech legen und 2 Minuten grillen (das Blech nicht zu dicht unter dem Grill einschieben). Die Scheiben wenden und nochmals 2 Minuten grillen, bis sie weich und goldbraun sind.

Die Auberginen mit der Misomischung bestreichen und noch einmal etwa 2 Minuten grillen, bis sie oben karamellisiert sind und Blasen werfen.

Die gegrillten Auberginen mit Frühlingszwiebeln, Gartenschaumkraut und Sesam bestreuen und mit gedämpftem Reis und eingelegtem Ingwer servieren.

Vergessen Sie den langweiligen gekochten oder gedämpften Blumenkohl und lassen Sie sich überraschen, welche Geschmackserlebnisse dieses unspektakuläre Gemüse für Sie bereithält.

Gebratene Blumenkohlröschen mit Kreuzkümmel, Chili und Mandeln

FÜR 4 PERSONEN
ZUBEREITUNG: 10 MINUTEN
KOCHZEIT: 10 MINUTEN

3 EL Olivenöl + Olivenöl zum Servieren

4 kleine Blumenkohlköpfe, in Röschen zerteilt

1½ TL Kreuzkümmelsamen

2 Knoblauchzehen, fein gehackt

1 rote Chilischote, die Samen entfernt und fein geschnitten

100 g Mandelblättchen

Salz, Pfeffer

2 EL fein gehackte glatte Petersilie

Das Öl in einem großen Wok oder einer hohen Pfanne erhitzen und die Blumenkohlröschen darin anbraten. Sobald sie braun zu werden beginnen, die Wärmezufuhr verringern, den Deckel auflegen (oder den Wok mit Alufolie abdecken) und den Blumenkohl 1–2 Minuten garen.

Kreuzkümmel, Knoblauch, Chilischote und Mandeln hinzufügen und 5 Minuten bei mittlerer Hitze braten, bis die Mandeln goldbraun sind. Kräftig mit Salz und Pfeffer würzen, mit etwas Olivenöl beträufeln und mit der Petersilie bestreuen.

In letzter Minute

Ein einfaches Gericht, das wenig Arbeit macht. Durch den Joghurt wird die Remoulade besonders leicht. Dazu passt geröstetes Brot.

Sellerie mit Remoulade

FÜR 4 PERSONEN
ZUBEREITUNG: 20 MINUTEN

1 Knolle Sellerie (etwa 600 g), geschält

Saft von 1 Zitrone

1 Eigelb

1 kräftige Prise Meersalz

1 TL grobkörniger Senf

100 ml Olivenöl

2 gehäufte EL Naturjoghurt

2 TL fein geschnittene glatte Petersilie + einige Petersilienstängel zum Garnieren

2 TL Schnittlauchröllchen

2 EL kleine Kapern, abgespült, abgetropft und grob gehackt + Kapern zum Garnieren

frisch gemahlener schwarzer Pfeffer

einige rote Chicorée- oder Radicchioblätter zum Servieren

Den Sellerie vierteln und mit dem Sparschäler oder Gemüsehobel in breite Streifen hobeln. Mehrere Streifen aufeinanderlegen, in Juliennestreifen schneiden und diese sofort in Wasser mit ein paar Spritzern Zitronensaft legen, damit sie sich nicht verfärben.

Für die Remoulade das Eigelb mit Salz, Senf und 2 Esslöffeln Zitronensaft verrühren (von Hand mit dem Schneebesen oder mit dem Stabmixer). Nach und nach das Öl, zunächst tropfenweise und danach in einem feinen Strahl, hinzufügen und dabei kräftig mit dem Schneebesen schlagen. Sobald die Mischung dick und das Öl aufgebraucht ist, Joghurt, Petersilie und Schnittlauch unterrühren. Die Kapern hinzufügen und mit frisch gemahlenem schwarzem Pfeffer würzen. Die Remoulade zum Schluss eventuell noch einmal mit etwas Zitronensaft oder Salz abschmecken.

Die Selleriestreifen 30 Sekunden in reichlich kochendem Wasser blanchieren, in ein Sieb abgießen und unter fließendem kaltem Wasser abschrecken. Gut abtropfen lassen, mit einem sauberen Geschirrtuch trocken tupfen und mit der Remoulade mischen. Auf vier Teller verteilen und mit Chicorée- oder Radicchioblättern, Kapern und Petersilie garnieren.

In letzter Minute

Der Tofu darf sich beim Braten nicht mit Öl vollsaugen, und er sollte schön locker, knusprig und goldbraun sein. Das gelingt am besten, wenn man ihn vorher auf Küchenpapier legt und die Flüssigkeit vollständig herauspresst. Den Tofu anschließend nur kurz in sehr heißem Öl braten und auf Küchenpapier abtropfen lassen.

Knuspriger Tofu mit Soja-Ingwer-Sauce

FÜR 4 PERSONEN
ZUBEREITUNG: 20 MINUTEN
KOCHZEIT: 10 MINUTEN

FÜR DEN TOFU:

500 g fester Tofu

6 EL Speisestärke

2 EL Fünf-Gewürze-Pulver

1 TL getrocknete Chilischote

5 EL Erdnussöl

FÜR DIE SAUCE:

4 EL Sojasauce

2 EL Reisessig

1 TL Sesamöl

2 cm Ingwerwurzel, sehr fein gehackt

1 TL Zucker

Einen Teller mit zwei Lagen Küchenpapier auslegen. Den Tofu darauflegen, mit zwei Lagen Küchenpapier abdecken und einen zweiten Teller daraufsetzen. Das Ganze fest zusammendrücken und mit vollen Konservendosen beschweren. Den Backofen auf niedrigster Stufe vorheizen, um den gebratenen Tofu später warm zu halten.

Die Saucenzutaten verrühren, bis sich der Zucker vollständig aufgelöst hat.

Die Speisestärke mit Fünf-Gewürze-Pulver und Chili mischen und auf einen Teller streuen. Die Hälfte des Öls bei schwacher bis mittlerer Hitze in einem großen Wok erhitzen. Den Tofu mit Küchenpapier trocken tupfen, in große Würfel schneiden und diese in der Stärkemischung wenden, bis sie rundherum damit überzogen sind. Die Wärmezufuhr erhöhen und die Hälfte der Tofuwürfel etwa 5 Minuten braten, bis sie knusprig und gleichmäßig gebräunt sind. Die Würfel dabei vorsichtig mit einer Zange wenden. Anschließend auf einem mit Küchenpapier ausgelegten Teller abtropfen lassen und danach im Backofen warm halten, bis Sie den restlichen Tofu gebraten haben. Die Tofuwürfel sehr heiß servieren und die Sauce getrennt dazu reichen.

In letzter Minute

Tofu ist reich an Proteinen und hat einen feinen, neutralen Geschmack. Deshalb lässt er sich hervorragend mit den verschiedensten aromatischen Zutaten wie Sesam, Sojasauce, Chili, Ingwer und Knoblauch kombinieren. Sobald er fest ist, kann man ihn in Stücke schneiden und Salate oder gebratenes Gemüse damit anreichern.

Selbst gemachter Tofu

Nigari + H_2O

70°C–80°C

Tofuklumpen

1. Schritt

500 ml ungesüßte Sojamilch etwa 5 Minuten kochen und danach auf 70–80 °C abkühlen lassen (die Temperatur mit einem Kochthermometer prüfen).

2. Schritt

2 Teelöffel Nigaripulver – ein Gerinnungsmittel, mit dem in Japan traditionell Tofu hergestellt wird – mit 100 ml lauwarmem Wasser anrühren und in die heiße Milch rühren. Wenn Sie kein Nigari bekommen, nehmen Sie 50 ml Weißweinessig oder Zitronensaft und lassen das Wasser weg. Die Sojamilch gerinnt, sobald man das Nigari hinzufügt.

3. Schritt

Den Topf vom Herd nehmen und die Milch 15 Minuten ruhen lassen. Es müssen sich dann große Klumpen gebildet haben. Sind die Klumpen klein, noch 1 Teelöffel angerührtes Nigari hinzufügen. Mit einem Schöpflöffel etwas Molke abschöpfen und wegschütten. Ein feinmaschiges Sieb mit zwei Lagen angefeuchteter Musselintücher auskleiden und das Sieb über einer großen Schüssel einhängen. Die Tofuklumpen mit dem Schöpflöffel in das Sieb füllen.

Sojamilch, die aus Sojabohnen gewonnen wird, ist das Ausgangsprodukt bei der Tofuherstellung. Mit dem Gerinnungsmittel Nigari (Magnesiumchlorid) wird die Milch in Molke und Quark zerlegt. Nigari ist in japanischen Lebensmittelgeschäften bzw. Asialäden erhältlich. Ersatzweise kann man auch Weißweinessig oder Zitronensaft nehmen.

4. Schritt

Das Musselintuch über die Klumpen schlagen, einen kleinen Teller darauflegen und das Ganze 20 Minuten mit einer vollen Konservendose beschweren, damit der Tofu fest wird.

5. Schritt

Den abgetropften Tofu vorsichtig in eine Schüssel mit kaltem Wasser legen, damit er seinen bitteren Geschmack verliert. 10 Minuten ruhen lassen, das Wasser danach erneuern und den Tofu nochmals 10 Minuten ruhen lassen.

6. Schritt

Den Tofu sofort verbrauchen oder mit Wasser bedeckt in einem Schraubglas im Kühlschrank aufbewahren (maximal 3 Tage).

Selbst gemachter Tofu 157

Orecchiette, zu Deutsch »Öhrchen«, sind ideal für Gerichte mit Saucen. Genauso gut eignen sich aber auch Muschelnudeln. Der Brokkoli sollte hier relativ weich sein, darf aber dennoch nicht zu lange gekocht werden.

Orecchiette mit Brokkoli und Pinienkernen

FÜR 4 PERSONEN
ZUBEREITUNG: 15 MINUTEN
KOCHZEIT: 15 MINUTEN

200 g Brokkoli

350 g Orecchiette

Salz

4 EL Olivenöl

2 große Knoblauchzehen, fein gehackt

1 Chilischote, die Samen entfernt und fein gehackt

Pfeffer

75 g Pinienkerne, geröstet

2 EL geriebener Pecorino

Den Brokkoli etwa 3 Minuten in reichlich kochendem Wasser blanchieren. In ein Sieb abgießen und unter fließendem Wasser abschrecken. Abtropfen lassen und grob hacken.

Die Nudeln 9–11 Minuten bzw. nach Packungsanweisung in reichlich Salzwasser al dente kochen. In der Zwischenzeit das Olivenöl in einer Pfanne erhitzen und den Knoblauch mit der Chilischote bei mittlerer Hitze anschwitzen, bis er sein Aroma entfaltet. Dabei darauf achten, dass er keine Farbe annimmt. Den Brokkoli dazugeben und zugedeckt einige Minuten bei sehr geringer Hitze garen. Kräftig mit Salz und Pfeffer würzen und die Pinienkerne hinzufügen.

Die Nudeln abgießen (dabei 2 Esslöffel Kochwasser auffangen). Mit dem Pecorino und dem aufgefangenen Kochwasser in die Pfanne geben, die Zutaten gut durchmischen und servieren.

In letzter Minute

Knusprige Kartoffelpuffer mit weichen pochierten Eiern und einer erfrischenden Salsa verde – eine unwiderstehliche Kombination. Achten Sie unbedingt darauf, dass die Eier ganz frisch sind. Der Teig für die Kartoffelpuffer kann bereits einige Stunden im Voraus zubereitet werden.

Kartoffelpuffer mit Oliven und pochierten Eiern

FÜR 4 PERSONEN
ZUBEREITUNG: 10 MINUTEN
KÜHLZEIT: 1 STUNDE
KOCHZEIT: 25 MINUTEN

500 g festkochende Kartoffeln

Salz

2 Schalotten, sehr fein gehackt

2 EL schwarze Oliven, entsteint und grob gehackt

1 EL fein geschnittene Petersilie

50 g sardischer Pecorino, in Späne gehobelt

frisch gemahlener schwarzer Pfeffer

5 sehr frische Eier

1 gehäufter EL Kartoffelstärke oder Mehl + Mehl für die Hände

3–4 EL Olivenöl

4 EL Salsa verde (Seite 238)

Die Kartoffeln abbürsten und 15 Minuten in Salzwasser als Pellkartoffeln kochen. Sie sollten gerade weich sein. Abgießen, 15 Minuten abkühlen lassen, dann die Kartoffeln pellen und grob mit einer Gabel zerdrücken. Schalotten, Oliven, Petersilie und die Hälfte des Pecorinos dazugeben. Kräftig mit Pfeffer und sparsam mit Salz würzen, 1 verquirltes Ei und die Stärke unterrühren und mit leicht bemehlten Händen 8 Kartoffelpuffer aus dem Teig formen.

Die Kartoffelpuffer nebeneinander auf eine Platte legen und mindestens 1 Stunde, am besten über Nacht, in den Kühlschrank stellen. Die Puffer vor dem Braten auf beiden Seiten großzügig mit Olivenöl bestreichen. Eine große Grillpfanne heiß werden lassen und die Kartoffelpuffer bei geringer Hitze etwa 4 Minuten auf jeder Seite braten, dabei mehrmals wenden. Anschließend warm stellen und die pochierten Eier zubereiten.

Wasser in einer hohen Pfanne erhitzen. Sobald es zu kochen beginnt, die Wärmezufuhr verringern (der Pfannenboden sollte nur noch mit winzigen Bläschen bedeckt sein). Die Eier nacheinander vorsichtig über dem Wasser aufschlagen und 3 Minuten kochen, bis das Eiweiß gerade gestockt ist. Mit einem Schaumlöffel herausheben und auf Küchenpapier abtropfen lassen.

Auf jedem Teller zwei Kartoffelpuffer mit einem pochierten Ei anrichten. Mit etwas Salsa verde beträufeln und mit dem restlichen Pecorino bestreuen.

In letzter Minute

Besonders gut gelingt gebratener Reis, wenn man den Reis bereits am Vortag kocht (oder Reste vom Vortag verwendet) und ihn über Nacht im Kühlschrank ruhen lässt. Wichtig ist dabei, dass er spätestens 1 Stunde nach dem Kochen kalt gestellt wird. Der Rest ist ein Kinderspiel.

Gebratener Reis mit Cashewkernen

FÜR 4 PERSONEN
ZUBEREITUNG: 10 MINUTEN
KÜHLZEIT: 1 NACHT
KOCHZEIT: 25 MINUTEN

500 g Thai- oder Basmatireis, gekocht (bzw. 240 g ungekochter Reis)

400 g gemischtes Gemüse (z. B. grüne Bohnen, Zuckerschoten, Maiskölbchen und Erbsen)

2 EL Erdnussöl

100 g Cashewkerne

2 Knoblauchzehen, fein gehackt

4 cm Ingwerwurzel, fein gehackt

2 Eier, verquirlt

1 TL Sesamöl

1–2 EL Sojasauce

Tomatenkonfitüre mit Chili (Seite 242) zum Servieren

Ungekochten Reis am Vortag in einem Sieb gründlich unter fließendem Wasser waschen und abtropfen lassen. In einem Topf etwa 2 cm hoch mit Wasser bedecken, aufkochen und 10 Minuten köcheln lassen, bis der Reis das Wasser aufgesogen hat. Den Deckel auflegen, den Topf vom Herd nehmen und den Reis 10 Minuten ruhen lassen. Anschließend mit einer Gabel auflockern. Sobald der Reis vollständig abgekühlt ist, den Topf mit Frischhaltefolie abdecken und über Nacht in den Kühlschrank stellen.

Am folgenden Tag das Gemüse 2 Minuten in kochendem Wasser blanchieren, abgießen und unter fließendem kaltem Wasser abschrecken.

Das Öl in einem Wok erhitzen und die Cashewkerne darin anrösten. Mit einem Schaumlöffel herausnehmen und in eine Schüssel geben. Knoblauch und Ingwer 1 Minute anbraten. Den Reis und das Gemüse dazugeben und etwa 2 Minuten erhitzen. Die Zutaten etwas an den Rand schieben, sodass in der Mitte eine Mulde entsteht, und die Eier mit dem Sesamöl hineingießen. Die Eier unter gelegentlichem Rühren stocken lassen, bis eine Art Omelett entstanden ist. Das Omelett mit dem Pfannenwender zerteilen und unter den Reis mischen. Die Cashewkerne hinzufügen, mit der Sojasauce beträufeln und mit der Tomatenkonfitüre servieren.

162 · In letzter Minute

Die Franzosen pflegen weich gekochte Eier nicht zu löffeln, sondern schmale Brotstreifen hineinzutunken. Für diese edle Variante wurden das Brot durch Knollensellerie und die Hühnereier durch Enteneier ersetzt. Und weil die Eier nur 6 Minuten brauchen, können Sie sich noch ein bisschen entspannen, während der Sellerie im Ofen brutzelt.

Weich gekochte Enteneier mit Selleriesticks

FÜR 2 PERSONEN
ZUBEREITUNG: 15 MINUTEN
KOCHZEIT: 35 MINUTEN

1 große Knolle Sellerie (etwa 800 g), geschält und in dicke Scheiben geschnitten

Salz

2 EL Olivenöl

1 TL Selleriesalz + 1 Prise für die Eier

1 Prise Cayennepfeffer

2 Enteneier

Den Backofen auf 230 °C vorheizen. Die Selleriescheiben in nicht zu schmale Streifen schneiden und diese 2 Minuten in kochendem Salzwasser blanchieren. Abtropfen lassen, mit Olivenöl bepinseln und mit Selleriesalz und Cayennepfeffer bestreuen. Die Stäbchen auf einem großen Backblech verteilen und etwa 30 Minuten in den Backofen schieben.

5 Minuten bevor die Selleriesticks fertig sind, die Eier in eine Kasserolle mit kochendem Wasser legen und 6 Minuten bei mittlerer Hitze kochen. Anschließend aus dem Wasser nehmen, kurz abschrecken, vorsichtig pellen und in Eierbecher setzen. Mit 1 Prise Selleriesalz bestreuen und mit den Selleriesticks servieren.

In letzter Minute

Rigatoni – gerillte Röhrennudeln – eignen sich perfekt für diese Walnusssauce. Das pikante, wärmende Gericht ist ideal für kühle Herbstabende. Wer will, kann dazu noch gekochten Spinat servieren.

Rigatoni mit Chili und Walnüssen

FÜR 4 PERSONEN
ZUBEREITUNG: 15 MINUTEN
KOCHZEIT: 15 MINUTEN

300 g Walnusskerne

1 EL Olivenöl

½ Knoblauchzehe, durchgepresst

1 rote Chilischote, die Samen entfernt und fein gehackt

1 TL Thymianblätter

2 gehäufte EL Mascarpone

2 EL geriebener Parmesan

Salz, Pfeffer

350 g Rigatoni oder andere kurze Röhrennudeln

Die Walnusskerne unter häufigem Rühren ohne Fett in der Pfanne rösten, bis sie ihr Aroma entfalten. Auf ein Küchenbrett geben, etwas abkühlen lassen und grob hacken (die Stücke dürfen ruhig unterschiedlich groß sein).

Das Olivenöl mit Knoblauch und Chilischote in eine Pfanne geben und 1–2 Minuten auf niedriger Stufe erhitzen. Der Knoblauch sollte dabei keine Farbe annehmen. Die Pfanne vom Herd nehmen, den Thymian und danach den Mascarpone und den Parmesan hinzufügen und mit Salz und Pfeffer würzen. Die Nusskerne bis auf 1 Esslöffel dazugeben und die Pfanne beiseitestellen.

Die Nudeln in reichlich Salzwasser nach Packungsanweisung al dente kochen. Abgießen und dabei ein paar Löffel Kochwasser auffangen. Die Nudeln wieder in den Topf geben, das aufgefangene Kochwasser und die Sauce hinzufügen und alles gut durchmischen. Mit den restlichen Walnusskernen bestreuen und servieren.

Tomaten

2
Panzanella burrata

3 Tomaten in große Stücke schneiden. 150 g Sauerteigbrot zerkrümeln und im Backofen rösten. Die Tomaten mit dem Brot mischen und mit Olivenöl, Rotweinessig, Salz, Pfeffer und frischem Basilikum anmachen. 1–2 Stunden bei Zimmertemperatur durchziehen lassen. Vor dem Servieren ½ kleine fein gehackte Zwiebel hinzufügen und das Ganze über eine Kugel Burrata oder Büffelmozzarella verteilen.

1
Einfacher Salat

Einige Tomaten verschiedener Sorten halbieren oder in Scheiben schneiden und auf einer Servierplatte anrichten. 50 g Sahne, 50 ml Olivenöl, 2 Esslöffel Weißweinessig, 1 Prise Zucker, 1 Prise Salz und 1 kräftige Prise frisch gemahlenen schwarzen Pfeffer kräftig mit dem Schneebesen verrühren. Die Tomaten mit der Sauce überziehen und mit frischer Minze bestreuen.

3
Schopska-Salat

4 große Tomaten und 2 Paprikaschoten in Stücke schneiden. 15 cm Salatgurke schälen, die Samen entfernen und in Würfel schneiden. ½ kleine rote Zwiebel und 2 EL Petersilienblätter fein hacken. Die Zutaten mischen, den Salat mit Rotweinessig, mildem Olivenöl, Salz und Pfeffer anmachen und vor dem Servieren mit 100 g geraspeltem Feta bestreuen.

4
Tomatentarte mit Estragon

Den Backofen auf 180 °C vorheizen. Eine rechteckige Form (12 × 35 cm) mit Mürbeteig (Fertigprodukt) auskleiden. Den Teig mit Backpapier abdecken, mit getrockneten Hülsenfrüchten beschweren und 15 Minuten blindbacken. Die Hülsenfrüchte und das Papier danach wieder entfernen. 3 Eier, 190 g Sahne und 1 Esslöffel fein geschnittenen Estragon kräftig mit dem Schneebesen verrühren und großzügig mit Salz und Pfeffer würzen. 3 Tomaten enthäuten, die Samen entfernen, klein schneiden und zur Eiermischung geben. Die Mischung auf dem Teig verteilen und die Tarte 25 Minuten backen, bis die Eier gestockt sind.

6
Dal mit Tomaten und Spinat

250 g rote Linsen abspülen und in einem großen Topf mit 900 ml Wasser aufkochen. 10 Minuten köcheln lassen. 400 g Tomaten aus der Dose, ½ Teelöffel Kurkuma, 4 cm geriebene Ingwerwurzel, 2 durchgepresste Knoblauchzehen, 1 Teelöffel Kreuzkümmelsamen und 2 gehackte grüne Chilischoten dazugeben, umrühren und das Ganze 15–20 Minuten unter häufigem Rühren köcheln lassen. 200 g jungen Spinat, etwas Limettensaft, Salz und Pfeffer hinzufügen. Heiß mit gedämpftem Reis oder indischem Fladenbrot genießen.

5
Gestürzte Kirschtomatentarte

Den Backofen auf 190 °C vorheizen. Eine kleine ofenfeste Pfanne (15 cm Durchmesser) bei geringer Hitze heiß werden lassen. 2 Esslöffel Olivenöl, 90 g Farinzucker und 250 g ganze Kirschtomaten darin erhitzen, bis der Zucker goldbraun karamellisiert ist. Mit 2 Esslöffel Balsamico-Essig ablöschen, die Pfanne vom Herd nehmen und das Ganze mit Salz und Pfeffer abschmecken. 1 Scheibe Blätterteig auf die Tomaten legen und am Rand gut andrücken. Die Tarte in der Pfanne 15 Minuten im Ofen backen, anschließend vorsichtig auf einen Teller stürzen und sofort mit einem Walnuss-Tarator (Seite 241) servieren.

Kulinarische Seelenwärmer

Siebtes Kapitel

Mit diesem raffinierten Risotto mit Pastinaken und frittierten Salbeiblättern werden Sie garantiert Eindruck machen. Und das umso mehr, wenn Sie dazu noch Pastinakenchips reichen. Die Pastinaken einfach in dünne Scheiben schneiden, in Olivenöl wenden und 25–30 Minuten bei 160 °C im Backofen auf beiden Seiten knusprig braten.

Risotto mit Pastinaken, Salbei und Mascarpone

FÜR 4 PERSONEN
ZUBEREITUNG: 10 MINUTEN
KOCHZEIT: 25 MINUTEN

1 l Gemüsebrühe (Seite 236)

40 g Butter

2 Schalotten, fein gehackt

2 große Pastinaken, geraspelt

4 kleine Salbeiblätter, fein geschnitten

250 g Risottoreis

1 kleines Glas trockener Weißwein

2 EL Mascarpone + Mascarpone zum Servieren

60 g Parmesan, gerieben

Pastinakenchips zum Servieren (nach Belieben)

Die Gemüsebrühe in einem Topf aufkochen lassen und danach bei geringer Hitze heiß halten.

In einem zweiten Topf die Butter zerlassen. Schalotten, Pastinaken und Salbei 5 Minuten bei geringer Hitze darin anschwitzen, bis die Schalotten glasig sind. Den Reis hinzufügen und 1 Minute unter Rühren anschwitzen, bis die Körner mit der Butter überzogen sind. Den Wein angießen und so lange rühren, bis der Reis den Wein aufgesogen hat. Einen Schöpflöffel Brühe angießen, gut umrühren und warten, bis der Reis die Brühe aufgesogen hat. Den Vorgang 18–20 Minuten lang wiederholen, bis der Reis bissfest gegart und ein cremiger Risotto entstanden ist. Sie benötigen unter Umständen nicht die ganze Brühe.

Den Topf vom Herd nehmen, jeweils die Hälfte des Mascarpones und des Parmesans unterrühren, den Deckel auflegen und den Risotto 5 Minuten ruhen lassen. Unmittelbar vor dem Servieren den restlichen Mascarpone und Parmesan einrühren und den Risotto mit 1 Löffel Mascarpone und nach Belieben mit einigen Pastinakenchips garnieren.

172 · *Kulinarische Seelenwärmer*

Die Pizza wird hier bei sehr hoher Temperatur gebacken. Dadurch wird der Teig besonders knusprig und der Belag wunderbar weich.

Pizza mit gegrilltem Gemüse

FÜR 2–4 PERSONEN
ZUBEREITUNG: 20 MINUTEN
GEHZEIT: 1 STUNDE
KOCHZEIT: 15 MINUTEN

FÜR DEN TEIG:

250 g Mehl (Type 550)

½ TL Trockenhefe

¾ TL Salz

2 EL Olivenöl + Olivenöl für die Schüssel

160–175 ml lauwarmes Wasser

FÜR DEN BELAG:

2 kleine Zucchini, in hauchdünne Scheiben geschnitten

1 Knolle Fenchel, fein geschnitten

4 Zweige Rosmarin

2 EL Olivenöl

Salz, Pfeffer

2 EL Polentamehl oder Maisstärke

2 Kugeln Büffelmozzarella, gewürfelt

Für den Teig Mehl, Hefe und Salz in einer großen Schüssel mischen. So viel Öl und Wasser unterrühren, dass ein weicher Teig entsteht. Die Zutaten zunächst mit einem Holzkochlöffel und danach mit den Händen vermengen. Den Teig anschließend 10 Minuten auf der leicht bemehlten Arbeitsfläche durchkneten, bis er glatt und elastisch ist. Die Schüssel mit Öl einfetten, den Teig hineinlegen, mit einem sauberen, angefeuchteten Geschirrtuch abdecken und 1 Stunde an einem warmen Platz gehen lassen.

Den Backofengrill vorheizen. Das Gemüse und den Rosmarin im Olivenöl wenden und kräftig mit Salz und Pfeffer würzen. Auf einem mit Öl eingefetteten Backblech verteilen, etwa 4 Minuten grillen und nach der Hälfte der Zeit wenden. Das Blech aus dem Ofen nehmen, den Ofen aber nicht ausschalten. Den Rost unmittelbar unter dem Grill einschieben.

Eine große Pfanne mit dickem Boden oder eine Grillpfanne (möglichst aus Gusseisen) mindestens 10 Minuten bei starker Hitze sehr heiß werden lassen.

Die Luft mit der Faust aus dem Teig schlagen. Den Teig in 2 Portionen teilen und zu etwa 5 mm dicken Kreisen ausziehen (die Kreise müssen etwas kleiner sein als die Pfanne). Backpapier mit Polentamehl oder Maisstärke bestäuben, die Teigscheiben darauflegen, das Gemüse und den Mozzarella darauf verteilen und mit etwas Olivenöl beträufeln.

Eine Pizza vom Papier in die heiße Pfanne gleiten lassen und 1 Minute erhitzen. Die Pfanne anschließend 4 Minuten unter den Backofengrill stellen. Die fertige Pizza auf eine Servierplatte gleiten lassen und die Pfanne erneut auf dem Herd heiß werden lassen. Die fertige Pizza inzwischen vierteln. Während Sie die erste Pizza genießen, die zweite auf die gleiche Weise backen.

Kulinarische Seelenwärmer

Diese leichten Gnocchi müssen nicht unbedingt im Backofen gratiniert werden. Sie können auch einfach sehr heiß mit zerlassener Petersilienbutter oder einer Gorgonzolasauce (Seite 240) serviert werden. Unverzichtbar als Kontrast zu diesem sämigen Gericht: ein knackiger grüner Salat.

Gratinierte Gnocchi mit Ricotta und Petersilienbutter

FÜR 4 PERSONEN
ZUBEREITUNG: 30 MINUTEN
ABTROPFZEIT: 8–24 STUNDEN
KOCHZEIT: 13–18 MINUTEN

450 g Ricotta

2 Eier, verquirlt

15 g Butter, zerlassen

frisch geriebene Muskatnuss

40 g Parmesan, gerieben

Salz, Pfeffer

100 g Mehl + Mehl für das Blech

100 g Petersilienbutter (Seite 234), in Würfel geschnitten

Den Ricotta unbedingt gut abtropfen lassen. Dazu – möglichst bereits am Vortag – ein Sieb mit einem Musselintuch auslegen, Ricotta hineingeben, das Sieb über einer Schüssel einhängen und den Ricotta 8–24 Stunden abtropfen lassen. Oder den Ricotta in ein Musselintuch einschlagen und fest ausdrücken, um die Flüssigkeit möglichst vollständig herauszupressen. Den Ricotta dann mit dem Musselintuch in ein Sieb legen, einen Teller darauflegen und das Ganze 20 Minuten mit vollen Konservendosen beschweren. Nochmals ausdrücken, das Tuch entfernen und den Ricotta in einer Schüssel mit der Gabel zerdrücken. Eier, zerlassene Butter, einige Messerspitzen Muskatnuss und 1 Esslöffel Parmesan hinzufügen, mit Salz und Pfeffer würzen und das Ganze mit einer Gabel vermengen.

Das Mehl auf einen Teller streuen. Mit einem Teelöffel Kugeln von der Ricottamischung abstechen (jeweils nur 5 Kugeln gleichzeitig), die Kugeln mithilfe einer Gabel im Mehl wenden und mit den Händen vorsichtig zu ovalen Gnocchi formen. Die fertigen Gnocchi auf ein leicht bemehltes Backblech legen. Die Gnocchi können sofort gekocht werden oder man stellt sie vorher noch etwa 1 Stunde in den Kühlschrank, damit sie fest werden.

Die Hälfte der Petersilienbutter in eine Schüssel geben. Den Backofen auf 200 °C vorheizen. In einem großen Topf reichlich Salzwasser erhitzen. Sobald das Wasser zu kochen beginnt, die Gnocchi einzeln hineingeben und etwa 3 Minuten darin ziehen lassen, bis sie an die Oberfläche steigen. Mit einem Schaumlöffel herausheben, kurz abtropfen lassen und in die Schüssel mit der Petersilienbutter geben. Die Gnocchi vorsichtig in der schmelzenden Butter wenden und danach mit der Butter in eine Gratinform füllen. Die restliche Petersilienbutter daraufgeben, mit dem restlichen Parmesan bestreuen und 10–15 Minuten im Backofen überbacken. Die gratinierten Gnocchi mit einem einfachen grünen Salat servieren.

Kulinarische Seelenwärmer

Der Couscous wird hier vor dem Kochen geröstet. Um ihm noch mehr Geschmack zu verleihen, kann er auch noch mit Kräutern, Zitrusschalen und einem guten Olivenöl verfeinert werden.

Gefüllte Zwiebeln mit Couscous

FÜR 4 PERSONEN
ZUBEREITUNG: 20 MINUTEN
KOCHZEIT: 100 MINUTEN

4 ungeschälte große rote Zwiebeln
2 EL Olivenöl + mehr zum Beträufeln
30 g Butter
½ TL gemahlener Zimt
3 EL Couscous
300 ml Gemüsebrühe (Seite 236)
Salz, Pfeffer
2 EL gehackte getrocknete Aprikosen
2 EL geröstete Pinienkerne
1 EL fein geschnittene glatte Petersilie

Den Backofen auf 200 °C vorheizen. Von den Zwiebeln einen Deckel abschneiden (die Deckel nicht wegwerfen). Den Wurzelansatz abschneiden, damit die Zwiebeln einen festen Stand haben. Dabei darauf achten, dass sie nicht auseinanderfallen. Die Zwiebeln in eine Auflaufform oder einen Schmortopf setzen, ein Weinglas Wasser hineingießen und die Zwiebeln mit etwas Olivenöl beträufeln. Den Deckel auflegen und 1 Stunde in den Backofen schieben. Den Deckel anschließend abnehmen. Die Zwiebeln, wenn sie etwas abgekühlt sind, in der Mitte mit einem kleinen Löffel aushöhlen. Das herausgelöste Fruchtfleisch grob hacken.

In einer Pfanne 2 Esslöffel Olivenöl mit der Hälfte der Butter erhitzen und das gehackte Zwiebelfruchtfleisch mit Zimt und Couscous einige Minuten anbraten, bis der Couscous Farbe angenommen hat. 100 ml Gemüsebrühe angießen, kräftig mit Salz und Pfeffer würzen und die Pfanne vom Herd nehmen. Den Couscous 5 Minuten ruhen lassen und danach Aprikosen, Pinienkerne und Petersilie untermischen.

Die Zwiebeln mit der Couscousmischung füllen, die Deckel wieder aufsetzen und die restliche Brühe angießen. Mit der restlichen Butter besetzen und die Zwiebeln 25 Minuten im Backofen bräunen. Werden sie zu schnell braun, mit Alufolie abdecken oder den Topf mit einem Deckel verschließen.

Kulinarische Seelenwärmer

Die Kastanien machen dieses Gericht zu einem idealen Weihnachtsessen. Den Topinambur kann man auch durch festkochende Kartoffeln, Knollensellerie oder Pastinaken ersetzen.

Geschmorte Kastanien mit Topinambur

FÜR 3–4 PERSONEN
ZUBEREITUNG: 15 MINUTEN
KOCHZEIT: 30 MINUTEN

500 g Topinambur

Zitronensaft

60 g Butter

1 weiße Zwiebel, in feine Streifen geschnitten

2 Knoblauchzehen, mit Schale zerdrückt

4 Lorbeerblätter

200 g geschälte und vorgekochte Esskastanien (vakuumverpackt)

Salz, Pfeffer

1 kleines Glas Rotwein

1 kleines Glas Gemüsebrühe (Seite 236)

Den Topinambur schälen, in 2 cm dicke Scheiben schneiden und diese in Zitronenwasser legen.

Die Butter in einem Schmortopf oder einer Pfanne mit dickem Boden zerlassen und die Zwiebel 5 Minuten bei geringer Hitze glasig schwitzen. Knoblauch, Lorbeerblätter, den gut abgetropften Topinambur und die Kastanien hinzufügen und sparsam mit Salz und Pfeffer würzen. Umrühren, bis das Gemüse mit der Butter überzogen ist. Das Gemüse anschließend zugedeckt 10 Minuten kochen und dabei gelegentlich umrühren. Wein und Brühe hinzufügen, aufkochen und das Gemüse weitere 10 Minuten köcheln lassen, bis der Topinambur sehr weich und die Sauce eingekocht ist. Zum Schluss noch einmal abschmecken.

Vor dem Servieren das Fruchtfleisch aus den Knoblauchzehen mit einer Gabel herausdrücken und die Schalen entfernen. Der Knoblauch unterstreicht das Aroma, ohne es zu überdecken.

Mit grünem Gemüse servieren. Für besonders hungrige Mäuler eventuell noch ein Kartoffelpüree dazu reichen.

Kulinarische Seelenwärmer

Nicht ausreichend gegarte Auberginen – eine scheußliche Vorstellung! Das kann Ihnen hier bestimmt nicht passieren, denn die Auberginen werden erst gebraten und dann noch geschmort. Dadurch werden sie außen schön knusprig und innen wunderbar weich.

Geschmorte Auberginen mit Pak Choi, Erdnüssen und Thai-Basilikum

FÜR 4 PERSONEN
ZUBEREITUNG: 15 MINUTEN
KOCHZEIT: 10–15 MINUTEN

12 Mini-Auberginen, halbiert
100 ml Erdnussöl
2 Knoblauchzehen, gehackt
3 cm Ingwerwurzel, fein gehackt
6 kleine Pak Choi, halbiert
4 Frühlingszwiebeln, fein geschnitten
2 EL helle Sojasauce
2 TL Farinzucker
3 EL Erdnüsse, geröstet und gehackt
1 kleine Handvoll Thai-Basilikumblätter
gedämpfter Reis zum Servieren

Das Auberginenfruchtfleisch rautenförmig einritzen. Das Öl in einem Wok erhitzen, bis es knistert, die Auberginen unter gelegentlichem Wenden darin anbräunen und anschließend auf Küchenpapier abtropfen lassen. Das Öl bis auf 1 Esslöffel wegschütten (den Wok dazu vorsichtig neigen).

Den Wok wieder auf die Herdplatte stellen und Knoblauch und Ingwer 30 Sekunden darin anbraten. Den Pak Choi und die Frühlingszwiebeln dazugeben und etwa 1 Minute anbraten.

Die Auberginen wieder in den Wok geben. Sojasauce, Zucker und 2 Esslöffel Wasser hinzufügen und das Ganze 2 Minuten kochen lassen, bis die Sauce eindickt.

Mit den Erdnüssen und dem Basilikum bestreuen und mit gedämpftem Reis servieren.

Dieses ungewöhnliche, außerordentlich aromatische malaiische Gericht serviert man mit gedämpftem Reis. Im Originalrezept werden die Eier hart gekocht, aber ich finde, es ist noch leckerer, wenn die Dotter noch ein bisschen flüssig sind. Weich gekochte Eier gelingen am besten, wenn man sie so zubereitet: Die Eier in eine Kasserolle legen, mit kaltem Wasser bedecken und das Wasser bei mittlerer Hitze aufkochen lassen. Sobald es kocht, den Topf sofort von der Herdplatte nehmen, die Eier 7 Minuten ruhen lassen, unter kaltem Wasser abschrecken und vorsichtig pellen.

Eiercurry

FÜR 4 PERSONEN
ZUBEREITUNG: 15 MINUTEN
KOCHZEIT: 15 MINUTEN

3 Tomaten

1 EL Erdnussöl

4 Schalotten, fein geschnitten

3 Knoblauchzehen, gehackt

4 cm Ingwerwurzel, fein gehackt

1 TL zerstoßene Koriandersamen

1 TL zerstoßene Kreuzkümmelsamen

½ TL gemahlene Kurkuma

1 EL Sambal Oelek (scharfe Chilipaste)

400 ml Kokosmilch

2 EL Tamarindenmark

1 EL Farinzucker

1 kräftige Prise Salz

8 Eier, weich gekocht und geschält

2 EL Röstzwiebeln

gedämpfter Reis zum Servieren

Die Tomaten am Stielansatz mit einem scharfen Messer kreuzweise einritzen, mit kochendem Wasser überbrühen und 1 Minute ruhen lassen. Abtropfen lassen, enthäuten und das Fruchtfleisch anschließend grob zerkleinern.

Das Öl in einem Wok oder einem Schmortopf erhitzen und die Schalotten mit Knoblauch und Ingwer 1 Minute darin anbraten. Gewürze, Sambal Oelek und die Tomaten dazugeben und einige Minuten anbraten.

Kokosmilch, Tamarindenmark, Zucker und Salz hinzufügen, aufkochen und 5 Minuten köcheln lassen, bis die Sauce eingedickt ist. Die Eier in die Sauce legen und einige Minuten erhitzen. Das Curry mit Röstzwiebeln bestreuen und mit gedämpftem Reis servieren.

Beilagen

2
Papaya-Möhren-Salat

1 große grüne Papaya schälen und raspeln. Mit 1 großen geraspelten Möhre mischen und mit Ingwer-Limetten-Sauce (Seite 244) anmachen. 2 EL Thai-Basilikumblätter hinzufügen und den Salat mit gerösteten und gehackten Erdnüssen oder Cashewkernen bestreuen.

1
Grünes Gemüse und Walnuss-Tarator

Grünes Gemüse der Saison (Wirsing, Grünkohl, Brokkoli, Mangold, Pak Choi) einige Minuten in kochendem Salzwasser bissfest garen, abtropfen lassen und mit Walnuss-Tarator (Seite 241) servieren.

3
Grüner Spargel mit gerösteten Semmelbröseln

Den Spargel in Salzwasser bissfest kochen. 1 Stückchen Butter in einer Pfanne zerlassen und Semmelbrösel mit der abgeriebenen Schale von 1 Bio-Zitrone goldbraun rösten. Mit Salz und Pfeffer würzen und den Spargel damit bestreuen. Zu Spargel passt auch sehr gut eine Sauce hollandaise oder eine Gorgonzolasauce (Seite 240).

4
Rotkohlsalat mit Gomasio

½ Rotkohl in sehr dünne Scheiben schneiden. 1 roten Apfel vierteln und klein schneiden. Zum Rotkohl geben und den Salat mit etwas Sesamöl, Reisessig und Sojasauce anmachen. Mit Korianderblättchen und Gomasio (Sesamsalz, Seite 236) bestreuen. Der Salat kann auch mit gerösteten Maiskörnern oder geraspelter Möhre zubereitet werden.

6
Würzige Süßkartoffeln

Den Backofen auf 200 °C vorheizen. 600 g Süßkartoffeln schälen und vierteln. Aus 3 Esslöffeln Olivenöl, 2 durchgepressten Knoblauchzehen, 1 Esslöffel zerstoßenen Kreuzkümmelsamen, 1 Esslöffel zerstoßenen Fenchelsamen, 1 Esslöffel zerstoßenen Koriandersamen und 1 Messerspitze getrockneter Chilischote eine Marinade herstellen. Die Süßkartoffeln darin wenden, mit Salz und Pfeffer würzen, auf einem Backblech verteilen und 35 Minuten backen. Nach der Hälfte der Zeit wenden. Einfach so oder mit Petersilienpesto (Seite 238) oder Rucola servieren.

5
Rote-Bete-Feigen-Carpaccio mit Tapenade

4 rohe geschälte Rote-Bete-Knollen in sehr dünne Scheiben schneiden. 3 Feigen vorsichtig in möglichst dünne Scheiben schneiden. Beides abwechselnd auf einem Teller anrichten und mit Zitronenthymianblättchen bestreuen. 2 Esslöffel Tapenade mit Feigen (Seite 240) mit 1 Esslöffel Rotweinessig, 1 Esslöffel Olivenöl und 1 Esslöffel Wasser verrühren. Das Carpaccio mit der Sauce überziehen und mit etwas Salz und Pfeffer würzen.

Ein schnelles, einfaches Gericht – und wenn es noch schneller gehen soll, die Crêpes schon 1–2 Tage im Voraus zubereiten, aufeinanderstapeln (zwischen die Crêpes jeweils ein Stück Backpapier legen), mit Frischhaltefolie abdecken und in den Kühlschrank stellen.

Gratinierte Crêpes mit Spinat, Kräutern und Ricotta

FÜR 4 PERSONEN
ZUBEREITUNG: 20 MINUTEN
RUHEZEIT: 20 MINUTEN
KOCHZEIT: ETWA 30 MINUTEN

FÜR DIE CRÊPES:

275 ml Milch

2 Eier, verquirlt

30 g Butter, zerlassen + Butter für die Pfanne

60 g Vollkornmehl

60 g Buchweizenmehl

1 Prise Salz

FÜR DIE FÜLLUNG:

30 g Butter + etwas Butter für die Form

200 g Spinat, gewaschen und trocken geschleudert

250 g Ricotta, abgetropft

2 EL gehackte Kräuter (z. B. Schnittlauch, Basilikum oder Petersilie)

1 gehäufte Msp. geriebene Muskatnuss

4 EL geriebener Parmesan

1 Portion Tomatensauce mit geschmorten Tomaten (Seite 242)

Die Zutaten für den Crêpeteig mit dem Schneebesen oder in der Küchenmaschine zu einem glatten Teig verrühren. Wenn Sie genug Zeit haben, den Teig 20 Minuten ruhen lassen. Ein Stückchen Butter in einer Pfanne zerlassen. Sobald die Butter heiß ist, einen kleinen Schöpflöffel Teig in die Pfanne gießen und die Pfanne schwenken, um den Teig auf dem Boden zu verteilen (die Crêpes sollten möglichst dünn sein). Etwa 1 Minute backen, wenden und auf der anderen Seite ebenfalls 1 Minute backen. Den Crêpe auf einen Teller gleiten lassen und weitere sieben Crêpes backen. Die Crêpes aufeinanderschichten und jeweils ein Stück Backpapier dazwischenlegen.

Eine große Gratinform mit Butter einfetten und den Backofen auf 200 °C vorheizen.

Für die Füllung den Spinat in der Butter zusammenfallen lassen, den Topf vom Herd nehmen, den Spinat etwas abkühlen lassen und grob hacken. Mit Ricotta, Kräutern, Muskatnuss und der Hälfte des Parmesans vermengen. Die Crêpes in der Mitte mit der Füllung bestreichen und zweimal zusammenklappen. In die Gratinform schichten, mit der Tomatensauce überziehen, mit dem restlichen Parmesan bestreuen und etwa 20 Minuten in den Backofen schieben, bis der Käse leicht gebräunt ist und die Sauce Blasen wirft.

Kulinarische Seelenwärmer

Ein einfaches, gesundes und sättigendes Gericht.
Und ist der Hunger sehr groß, kann es noch mit
festkochenden Kartoffeln angereichert werden.

Gemüsegratin mit Crème fraîche und Gruyère

FÜR 4–6 PERSONEN
ZUBEREITUNG: 20 MINUTEN
KOCHZEIT: 1 STUNDE

1 Knoblauchzehe, halbiert

weiche Butter zum Einfetten der Form

500 g Butternusskürbis oder Riesenkürbis, die Kerne entfernt und geraspelt

200 g Möhren, geraspelt

200 g Pastinaken, geraspelt

200 g Süßkartoffeln, geraspelt

Salz, Pfeffer

400 g Crème fraîche

100 ml trockener Weißwein

120 g Gruyère, grob gerieben

2 TL Thymianblätter

Den Backofen auf 200 °C vorheizen. Boden und Wände einer mittelgroßen, hohen Gratinform mit Knoblauch einreiben und mit Butter einfetten.

Die Hälfte des Gemüses (gemischt oder in Schichten) einfüllen, gut andrücken und mit Salz und Pfeffer würzen.

Die Crème fraîche mit Wein, Salz und Pfeffer verrühren und die Hälfte der Mischung über das Gemüse gießen. Mit 40 g Käse und der Hälfte des Thymians bestreuen. Das restliche Gemüse darauf verteilen und ebenfalls gut andrücken. Die restliche Crème fraîche darübergießen, mit Salz und Pfeffer würzen und den restlichen Käse und Thymian darüberstreuen.

Das Gemüse mit Alufolie abdecken und 30 Minuten in den Backofen schieben. Die Folie anschließend abnehmen und das Gratin weitere 30 Minuten backen, bis es oben goldbraun ist und die Sauce Blasen wirft. Das Gratin vor dem Servieren mindestens 10 Minuten ruhen lassen. Dazu passt ein grüner Salat oder gedämpftes grünes Gemüse.

Eine ungewöhnliche, rustikale Vorspeise. Wenn Sie sich nicht an die Zubereitung frischer Artischocken herantrauen, nehmen Sie einfach eingelegte Artischockenböden aus dem Glas. In diesem Fall benötigen Sie keine Brühe und müssen die Schalotten und den Knoblauch lediglich anschwitzen, mit den übrigen Zutaten mischen, die Artischockenböden damit füllen und 15–20 Minuten im Ofen überbacken.

Gefüllte Artischocken mit Zitronenmayonnaise

FÜR 4 PERSONEN
ZUBEREITUNG: 30 MINUTEN
KOCHZEIT: ETWA 50 MINUTEN

FÜR DIE ARTISCHOCKEN:

12 kleine violette Artischocken

Saft und abgeriebene Schale von 1 Bio-Zitrone

4 EL Olivenöl

2 Schalotten, fein gehackt

1 Knoblauchzehe, durchgepresst

100 g Paniermehl (wenn möglich von Sauerteigbrot)

1 EL fein geschnittene Oreganoblätter

Salz, Pfeffer

1 Glas Weißwein

1 Glas Gemüsebrühe (Seite 236)

FÜR DIE MAYONNAISE:

abgeriebene Schale von 1 Bio-Zitrone

1 EL Zitronensaft

½ Portion selbst gemachte Mayonnaise (Seite 236)

Den Backofen auf 180 °C vorheizen. Die Artischockenstiele so abschneiden, dass die Artischocken einen guten Stand haben. Die harten Hüllblätter entfernen. Die Spitzen der inneren, helleren Blätter abschneiden und die Blätter vorsichtig auseinanderziehen. Das Heu mit einem kleinen Löffel entfernen und die Artischocken in Zitronenwasser legen.

3 Esslöffel Öl in einem Schmortopf oder einem Bräter mit dickem Boden erhitzen und die Schalotten darin anschwitzen, bis sie sehr weich sind. Den Knoblauch hinzufügen und 1 Minute anschwitzen. Die Mischung anschließend in eine Schüssel füllen. Paniermehl, Zitronenschale und Oregano hinzufügen, mit Salz und Pfeffer würzen und die Zutaten gut vermischen. Die Artischocken aus dem Wasser nehmen, das Wasser abtropfen lassen und die Artischocken mit der Paniermehlmischung füllen.

1 Esslöffel Öl in den Topf geben, die Artischocken hineinsetzen, Wein und Brühe angießen und den Topf mit einem festsitzenden Deckel oder einer doppelten Schicht Alufolie gut verschließen. Die Artischocken 30 Minuten in den Backofen schieben, den Deckel danach abnehmen und die Artischocken weitere 10–15 Minuten garen, bis das Paniermehl schön gebräunt ist.

Zitronenschale und -saft unter die Mayonnaise rühren und die Artischocken mit der Mayonnaise servieren.

Diese besonders aromatische Variante der Pizza stammt aus Nizza und wird traditionell mit Sardellenfilets belegt, die in dieser vegetarischen Version durch in Streifen geschnittene getrocknete Tomaten ersetzt wurden.

Pissaladière

FÜR 4–6 PERSONEN
ZUBEREITUNG: 35 MINUTEN
KÜHLZEIT: 30 MINUTEN
KOCH- UND BACKZEIT: ETWA 1 STUNDE

FÜR DEN BELAG:

3 EL Olivenöl

900 g Zwiebeln, fein geschnitten

1 Dose (400 g) geschälte Tomaten, abgetropft und grob gehackt

18 getrocknete Tomaten in Olivenöl, abgetropft und in Streifen geschnitten

12 schwarze Oliven, entsteint

FÜR DEN TEIG:

175 g Mehl + Mehl für die Arbeitsfläche

90 g Butter, in Würfel geschnitten

½ TL Salz

1 Eigelb

2–3 EL Eiswasser

Das Olivenöl in einem großen Schmortopf erhitzen und die Zwiebeln zugedeckt bei geringer Hitze etwa 30 Minuten goldgelb anschwitzen. Dabei darauf achten, dass sie nicht anbrennen, und regelmäßig umrühren. Die gehackten Tomaten dazugeben, die Wärmezufuhr etwas erhöhen und das Ganze ohne Deckel kochen lassen, bis die Flüssigkeit vollständig verdunstet ist und die Tomaten zerfallen.

Für den Teig Mehl, Butter und Salz kurz mit den Knethaken des Rührgeräts oder in der Küchenmaschine vermengen. Das Eigelb und 2 Esslöffel Eiswasser hinzufügen und die Zutaten nochmals verrühren, bis sich der Teig zu einer Kugel formt. Dabei das restliche Eiswasser teelöffelweise hinzufügen.

Den Teig auf der leicht bemehlten Arbeitsfläche ausrollen. Eine runde (20 cm Durchmesser) oder rechteckige (35 × 12 cm) Tarteform mit dem Teig auskleiden. Den Teig dabei gut andrücken, aber keinesfalls auseinanderziehen, sonst zieht er sich beim Backen zusammen. Den Boden mehrfach mit einer Gabel einstechen und die Form 30 Minuten in den Kühlschrank stellen.

Den Backofen auf 190 °C vorheizen. Den Teig mit Backpapier abdecken, mit getrockneten Hülsenfrüchten beschweren und 10 Minuten blindbacken. Die Hülsenfrüchte und das Papier entfernen und den Boden noch etwa 5 Minuten backen, bis er eine schöne goldgelbe Farbe hat. Aus dem Ofen nehmen, etwas abkühlen lassen und danach mit einem scharfen Messer eventuell überstehenden Teig abschneiden.

Die Zwiebelmischung auf dem Boden verteilen, die getrockneten Tomaten rautenförmig darauf anordnen und die Oliven in die Mitte der Rauten setzen. Die Pissaladière 20–25 Minuten backen. Wird sie zu schnell braun, mit Alufolie abdecken.

Trotz der gehaltvollen Zutaten ist dieses raffinierte Gericht wunderbar leicht. Wie bei allen einfachen Gerichten kommt es auch hier auf die Qualität der Zutaten an. Am besten schmeckt es natürlich mit selbst gemachten Lasagneblättern (Seite 250; die anderthalbfache Menge nehmen), ein gutes Fertigprodukt tut es aber auch.

Pilzlasagne

FÜR 6–8 PERSONEN
ZUBEREITUNG: 40 MINUTEN
KOCHZEIT: 50 MINUTEN

1 Portion Béchamelsauce (Seite 241)

Butter für die Form

450 g frische Lasagneblätter

Salz

Olivenöl

30 g Butter

300 g gemischte Pilze, fein gehackt

1 Knoblauchzehe, durchgepresst

1 große Handvoll Basilikumblätter

Pfeffer

4 EL geriebener Parmesan

2 Kugeln Büffelmozzarella, gewürfelt

Die Béchamelsauce zubereiten, zudecken (damit sich keine Haut bildet) und zur Seite stellen.

Den Backofen auf 180 °C vorheizen. Eine Auflaufform aus Keramik mit Butter einfetten. Die Lasagneblätter, je nachdem, wie sie am besten in die Form passen, halbieren oder dritteln und 1–2 Minuten in kochendem Salzwasser vorgaren. Abgießen und unter fließendem kaltem Wasser abschrecken. Mit etwas Olivenöl beträufeln und auf einem sauberen Geschirrtuch ausbreiten.

Die Pilze einige Minuten in der Butter anbraten. Sie sollten weich sein, aber keine Farbe annehmen. Den Knoblauch hinzufügen und das Ganze 2 Minuten erhitzen, bis die Flüssigkeit fast vollständig verdunstet ist. Den Boden der Form mit etwas Pilzmischung bedecken und mit Basilikum bestreuen. Beachten Sie dabei, dass diese Lasagne aus möglichst vielen dünnen und nicht aus wenigen dicken Schichten bestehen sollte, und gehen Sie deshalb sparsam mit den Zutaten um. Ein Lasagneblatt auf die Pilze legen und hauchdünn mit Béchamelsauce bestreichen. Mit etwas Salz und Pfeffer würzen und mit etwas Parmesan bestreuen. Ein weiteres Lasagneblatt auf die Béchamelsauce legen, darauf wieder etwas von der Pilzmischung verteilen. Den Vorgang so lange wiederholen, bis die Zutaten aufgebraucht sind. Mit einem Lasagneblatt und einer Schicht Béchamelsauce abschließen. Den Mozzarella auf der Lasagne verteilen und den restlichen Parmesan darüberstreuen.

Die Lasagne etwa 35 Minuten in den Backofen schieben, bis sie am Rand leicht gebräunt ist und die Sauce Blasen wirft.

Wie wäre es einmal mit einer Frittata zum Abendessen? Ein einfaches Gericht, das leicht zuzubereiten ist, und während die Frittata im Ofen ist, bleibt Ihnen sogar noch ein bisschen Zeit zum Verschnaufen. Die Perlgraupen – eine eher ungewöhnliche Zutat in einer Frittata – werden nur so lange gekocht, dass sie noch Biss haben. Wenn Sie das nicht mögen, lassen Sie sie einfach 10 Minuten länger kochen.

Frittata mit Erbsen, Perlgraupen und Flageoletbohnen

FÜR 6 PERSONEN
ZUBEREITUNG: 15 MINUTEN
KOCHZEIT: 50 MINUTEN

150 g Perlgraupen

Salz

2 Stängel Minze

100 g frisch ausgepalte Erbsen

100 g frisch ausgepalte Flageoletbohnen

6 Eier, leicht verquirlt

3 EL Crème fraîche

1 Knoblauchzehe, durchgepresst

Pfeffer

3 EL Olivenöl

150 g Halloumi oder Feta, in Würfel geschnitten

Die Perlgraupen mit reichlich kaltem Wasser bedecken, 1 Prise Salz und 1 Stängel Minze hinzufügen, aufkochen lassen und 20 Minuten bei geringer Hitze weich garen. Erbsen und Bohnenkerne dazugeben, das Ganze noch einige Minuten kochen lassen und danach abgießen.

Den Backofen auf 200 °C vorheizen. Die restliche Minze fein schneiden. Die Eier mit Minze, Crème fraîche und Knoblauch verrühren, kräftig mit Pfeffer würzen, aber nur sparsam salzen, denn der Käse ist bereits relativ salzig. Das Olivenöl bei mittlerer Hitze in einer großen backofengeeigneten Pfanne oder einem Bräter heiß werden lassen und den Pfannenboden mit der Graupenmischung bedecken. Die Eiermischung darübergießen und die Pfanne etwas neigen, damit sich die Eiermischung verteilt. Zum Schluss die Käsewürfel darauf streuen. Die Frittata 2 Minuten auf der Herdplatte erhitzen und anschließend 15–20 Minuten in den Backofen schieben, bis die Eier gestockt sind und der Käse leicht gebräunt ist. Die Frittata vor dem Servieren 5 Minuten ruhen lassen.

Risottos

Zucchini und Taleggio

Einen Risotto wie unter Risotto bianco beschrieben zubereiten. Etwa 15 Minuten vor Ende der Kochzeit einige Thymianblätter und 2 fein gewürfelte Zucchini hinzufügen. Außer der Butter und dem Parmesan noch 100 g gewürfelten Taleggio unter den fertigen Risotto rühren. Die Käsewürfel werden weich, während der Risotto ruht.

Risotto bianco

1 Liter Gemüsebrühe erhitzen. 3 gehackte Schalotten in 1 Esslöffel Olivenöl und 1 Esslöffel Butter anschwitzen. 400 g Risottoreis dazugeben und umrühren. 2 Gläser trockenen Weißwein angießen und so lange rühren, bis der Reis den Wein aufgesogen hat. Salzen, 1 Schöpflöffel Brühe angießen und so lange rühren, bis der Reis die Brühe wiederum aufgesogen hat. Die Brühe schöpflöffelweise so lange nachgießen, bis der Reis weich ist (18 Minuten). Den Topf vom Herd nehmen, 50 g Butter in kleinen Stücken und 100 g geriebenen Parmesan einrühren, zudecken und 2 Minuten ruhen lassen.

Tomaten und Pesto

Einen Risotto wie unter Risotto bianco beschrieben zubereiten. Nach der Hälfte der Kochzeit 12 grob gehackte gebratene Tomatenhälften (Seite 242) hinzufügen. Die Butter weglassen und nur 50 g Parmesan nehmen. Den Risotto auf Teller verteilen und jeweils mit 1 Esslöffel Pesto (Seite 238), 1 gebratenen Tomatenhälfte und Basilikumblättern garnieren.

4
Fenchel und Zitrone

Einen Risotto wie unter Risotto bianco beschrieben zubereiten. 1 große, fein gehackte Fenchelknolle und 1 durchgepresste Knoblauchzehe zu den Schalotten geben. 5 Minuten vor Ende der Kochzeit die abgeriebene Schale von 1 Bio-Zitrone hinzufügen. Den Saft einer kleinen Zitrone unter den fertigen Risotto rühren und die Butter durch 50 g Mascarpone ersetzen. Den Risotto vor dem Servieren mit fein geschnittenem Fenchelkraut und etwas abgeriebener Zitronenschale bestreuen.

5
Bärlauch

Einen Risotto wie unter Risotto bianco beschrieben zubereiten. 2 Minuten vor Ende der Kochzeit etwa 150 g Bärlauchblätter hinzufügen. Den Risotto wie unter Risotto bianco beschrieben fertigstellen und ein Schüsselchen mit geriebenem Parmesan extra dazu reichen.

6
Blumenkohl und Semmelbrösel

Einen Risotto wie unter Risotto bianco beschrieben zubereiten. Die Gemüsebrühe noch mit 400 g Blumenkohlröschen und 1 Lorbeerblatt anreichern und 10 Minuten köcheln lassen. 2 durchgepresste Knoblauchzehen zu den Schalotten geben. Die Blumenkohlröschen mit der Brühe zum Reis geben. In der Küchenmaschine 150 g Mischbrot mit 1 Messerspitze getrockneter Chilischote, 1 Knoblauchzehe und 1 Teelöffel Thymianblätter fein mahlen, in 25 g Butter und 2 Esslöffel Olivenöl rösten und den Risotto vor dem Servieren damit bestreuen.

Rezepte zum Angeben

Achtes Kapitel

»Kaviar der Armen« wird der Auberginenkaviar – zu Unrecht – auch gerne genannt. Sie finden in diesem Kaviar zwar nicht ein einziges Fischei, doch sind diese kleinen Amuse-Gueules so raffiniert, dass Sie damit jedes Festessen eröffnen können. Die Granatapfelkerne verleihen dem Ganzen eine besonders edle Note.

Mini-Crêpes mit Kerbel, Auberginenkaviar und Granatapfelkernen

ERGIBT ETWA 24 STÜCK
ZUBEREITUNG: 15 MINUTEN
KOCHZEIT: 1 STUNDE

FÜR DEN AUBERGINENKAVIAR:

1 Knoblauchzehe

1 TL Kreuzkümmelsamen

Salz

2 Auberginen, der Länge nach halbiert

3 EL Olivenöl

2 TL Grenadine oder 1 Spritzer Zitronensaft

4 EL griechischer Joghurt

Pfeffer

3 EL Granatapfelkerne

FÜR DIE CRÊPES:

225 g Mehl

3 TL Backpulver

2 Eier, verquirlt

260 ml Buttermilch

1 EL fein geschnittener Kerbel + Kerbelblättchen zum Garnieren

Butter zum Backen

Den Backofen auf 200 °C vorheizen. Den Knoblauch mit Kreuzkümmel und 1 kräftigen Prise Salz im Mörser zermahlen und die Schnittflächen der Auberginen damit bestreichen. Die Auberginen wieder zusammensetzen, in Alufolie verpacken und 40 Minuten im Backofen weich garen. Anschließend aus der Folie wickeln und abkühlen lassen.

Das Fruchtfleisch mit einem Löffel aus den Schalen herauslösen und in einem Topf unter Rühren mit dem Olivenöl erhitzen, bis die Mischung zu kochen beginnt. Etwa 5 Minuten kochen lassen, bis die Flüssigkeit vollständig verdunstet ist. Abkühlen lassen, die Grenadine (oder den Zitronensaft) und 1 Esslöffel Joghurt unterrühren und mit Salz und Pfeffer abschmecken.

2 Esslöffel Granatapfelkerne unter den restlichen Joghurt ziehen.

Die Crêpezutaten bis auf die Kerbelblättchen zu einem glatten Teig verrühren. Etwas Butter in einer Pfanne zerlassen, für jeden Crêpe 1 gehäuften Teelöffel Teig in die Pfanne setzen, etwas flach drücken und auf jeder Seite 1–2 Minuten backen. Die Crêpes wenden, wenn die Bläschen, die sich an der Oberfläche bilden, aufplatzen.

Jeden Crêpe mit 1 Teelöffel Auberginenkaviar, etwas Granatapfeljoghurt, einigen Granatapfelkernen und 1 kleinen Kerbelzweig garnieren.

Rezepte zum Angeben

Stéphane Reynaud führt seit 2003 das Restaurant Villa9trois in Montreuil. Seine Rezepte sind von der Begeisterung für die moderne Küche und hochwertige, frische, saisonale Produkte geprägt. Seine besondere Spezialität sind einfache kleine Frühlingsrollen, die er je nach Jahreszeit abwandelt. Typisch winterliche Zutaten wären etwa Roquefort, Birnen, Rote Bete, Feldsalat …

Stéphane Reynaud
Sommerliche Frühlingsrollen

FÜR 6 PERSONEN
ZUBEREITUNG: 30 MINUTEN
KOCHZEIT: 20 MINUTEN

FÜR DEN TOMATENCOULIS:

4 große, reife Tomaten

Olivenöl

30 g Ingwer, geraspelt

1 kleine Zwiebel, fein gehackt

4 Knoblauchzehen, fein gehackt

Salz, Pfeffer

FÜR DIE FRÜHLINGSROLLEN:

1 Frühlingszwiebel, fein gehackt

200 g Ziegenfrischkäse

2 EL Olivenöl

6 große oder 12 kleine Reisblätter

1 Mango, geschält, der Kern entfernt und in Juliennestreifen geschnitten

100 g Sojasprossen

50 g Alfalfasprossen

½ Salatgurke, geschält, die Samen entfernt und in Juliennestreifen geschnitten

1 Handvoll Rucola

2 EL Sojasauce

Für den Coulis die Tomaten am Stielansatz mit einem scharfen Messer kreuzweise einschneiden. Mit kochendem Wasser überbrühen und 30 Sekunden ruhen lassen. Anschließend abgießen, enthäuten und das Fruchtfleisch in Stücke schneiden. Etwas Olivenöl in einem Schmortopf erhitzen und den Ingwer mit Zwiebel und Knoblauch bei mittlerer Hitze goldgelb anschwitzen. Die Tomaten dazugeben und 20 Minuten bei geringer Hitze kochen lassen. Die Mischung im Mixer glatt rühren, mit Salz und Pfeffer abschmecken. Den Coulis bis zum Servieren beiseitestellen oder im Kühlschrank aufbewahren (maximal 3 Tage).

Für die Frühlingsrollen die Frühlingszwiebel mit Ziegenkäse und Olivenöl vermengen. Die Mischung in einen Spritzbeutel mit glatter Tülle füllen. Ein sauberes, angefeuchtetes Geschirrtuch auf der Arbeitsfläche ausbreiten. 1 Reisblatt in lauwarmes Wasser tauchen, damit es weich wird. Auf das Geschirrtuch legen und auf einer Seite am Rand einen Streifen der Käsemischung aufspritzen. Je nach Größe der Reisblätter ein Zwölftel bzw. ein Sechstel der Mangostifte, der Soja- und Alfalfasprossen, der Gurkenstifte und der Rucolablätter entlang des Käsestreifens verteilen. Die Seiten 1 cm breit einschlagen und das Reisblatt fest aufrollen. Die restlichen Reisblätter auf die gleiche Weise füllen.

Kleine Frühlingsrollen vor dem Servieren halbieren, große vierteln. Mit etwas Sojasauce beträufeln und den Tomatencoulis dazu reichen.

Diese ungewöhnlichen kleinen Amuse-Gueules stammen ursprünglich aus Thailand. In Südostasien schätzt man die Betelblätter sowohl in der Küche als auch in der Medizin.

Betelblätter mit Kokosnuss und Cashewkernen

ERGIBT 20 STÜCK
ZUBEREITUNG: 20 MINUTEN
KOCHZEIT: ETWA 10 MINUTEN

50 g frische oder getrocknete Kokosraspel, geröstet

4 cm Ingwerwurzel, fein gehackt

2 Thai-Chilischoten, fein gehackt

3 EL Cashewkerne, gehackt und geröstet

1 Prise Salz

175 g Farinzucker

60 ml vegetarisches *nuoc mam* oder Sojasauce

2 EL Tamarindenmark

½ kleine Limette, mit Schale in sehr feine Würfel geschnitten

Fruchtfleisch von 1 kleinen Pomelo, in sehr kleine Stücke geschnitten

1 Schalotte, fein gehackt

20 Betel- oder Spinatblätter

1 Handvoll Koriandersprossen oder -blätter

Kokosraspel, Ingwer, Chili, Cashewkerne und Salz im Mörser oder einer kleinen Küchenmaschine zu einer Paste zermahlen.

Den Zucker in einem Stieltopf mit 60 ml Wasser verrühren und langsam erhitzen, bis sich der Zucker aufgelöst hat. Die Wärmezufuhr erhöhen und das Ganze einige Minuten zu einem Sirup einkochen lassen. Die Kokospaste und das *nuoc mam* (oder die Sojasauce) hinzufügen und das Ganze 3 Minuten köcheln lassen. Anschließend das Tamarindenmark dazugeben. Die Mischung noch einmal erhitzen, den Topf dann vom Herd nehmen und die Mischung etwas abkühlen lassen.

Die gehackte Limette mit Pomelo und Schalotte mischen. Jeweils 1 Teelöffel voll in die Mitte der Betel- oder Spinatblätter setzen (die glänzende Seite der Betelblätter sollte nach außen zeigen). Etwas Kokosmischung und einige Koriandersprossen oder -blätter dazugeben und die Blätter zu kleinen Schalen zurechtbiegen (eventuell mit Zahnstochern feststecken).

Rezepte zum Angeben

Skye Gyngell arbeitet im *Petersham Nurseries Cafe* im Londoner Stadtteil Richmond. Das Restaurant ist bekannt für sein außergewöhnliches Ambiente und seine innovative saisonale Küche. Für das aromatische Basilikumöl, das Sie für dieses Rezept benötigen, die Blätter von 3 Bund Basilikum und 1 geschälte Knoblauchzehe mit 1 kräftigen Prise Salz und Pfeffer in der Küchenmaschine klein hacken und dabei 200 ml Olivenöl einlaufen lassen.

Skye Gyngell
Nektarinen-Tomaten-Salat mit Büffelmozzarella

FÜR 4 PERSONEN
ZUBEREITUNG: 15 MINUTEN

- 4 gerade reife Nektarinen
- 12 gerade reife Tomaten
- etwas Zitronensaft
- 2 EL Olivenöl
- Meersalz, frisch gemahlener schwarzer Pfeffer
- 4 Kugeln Büffelmozzarella
- 12 rote Basilikumblätter, in Stücke gerissen oder fein geschnitten
- 2 EL Basilikumöl (siehe oben)
- Balsamico-Essig (nach Belieben)
- knuspriges Mischbrot zum Servieren

Die Nektarinen der Länge nach halbieren, die Kerne entfernen und die Hälften in je 3 Spalten schneiden. Die Tomaten halbieren und mit den Nektarinen in eine Schüssel geben. Mit ein paar Tropfen Zitronensaft, dem Olivenöl, Salz und Pfeffer anmachen.

Die Mozzarellakugeln in der Mitte auseinanderreißen. Auf jedem Teller 2 Mozzarellahälften mit dem Nektarinen-Tomaten-Salat und den Basilikumblättern anrichten. Das Basilikumöl darüberträufeln und sparsam würzen. Das Ganze zum Schluss nach Belieben noch mit 1 Spritzer Balsamico-Essig verfeinern und sofort mit gutem, mit etwas Olivenöl beträufeltem Brot servieren.

Weißer Spargel verdankt seine Farbe der Tatsache, dass er unter der Erde wächst, wo er kein Licht bekommt. Man schätzt ihn besonders wegen seines feinen Geschmacks. Damit er weniger bitter schmeckt, kann man etwas Zucker ins Kochwasser geben. Ich würde Ihnen allerdings empfehlen, den Spargel in verdünnter Milch zu kochen.

Spargel mit Champagnersauce

FÜR 4 PERSONEN
ZUBEREITUNG: 10 MINUTEN
KOCHZEIT: 20 MINUTEN

FÜR DIE SAUCE:

1 Schalotte, fein gehackt
4 schwarze Pfefferkörner
1 Stängel Estragon
175 ml Champagner oder trockener Weißwein
175 g kalte Butter, in Würfel geschnitten
Salz, Pfeffer

FÜR DEN SPARGEL:

20 Stangen weißer Spargel
200 ml Milch
15 g Butter

Für die Sauce die Schalotte mit Pfefferkörnern, Estragon und Champagner (oder Weißwein) in einem Topf aufkochen und einige Minuten bei geringer Hitze köcheln lassen, bis die Flüssigkeit um zwei Drittel eingekocht ist. Anschließend in eine hitzebeständige Schüssel abseihen.

Die holzigen Enden der Spargelstangen (etwa 2 cm) abschneiden und die Stangen mit dem Sparschäler schälen. Die Spitzen nicht mitschälen und darauf achten, dass sie nicht beschädigt werden.

Die Spargelstangen nebeneinander in eine große Pfanne legen. Milch, Butter und etwa 200 ml Wasser (der Spargel sollte mit Flüssigkeit bedeckt sein) hinzufügen, aufkochen und 10–12 Minuten köcheln lassen. Die Stangen dabei von Zeit zu Zeit wenden. Die Kochzeit hängt von der Dicke des Spargels ab. Die Pfanne anschließend vom Herd nehmen und beiseitestellen.

Inzwischen die Sauce fertigstellen. Die Schüssel mit dem reduzierten Champagner auf einen Topf mit siedendem Wasser stellen. Dabei darauf achten, dass der Schüsselboden nicht mit dem Wasser in Berührung kommt. Die Butterwürfel einzeln mit dem Schneebesen unterschlagen, bis eine glatte Sauce entstanden ist. Die Sauce mit Salz und Pfeffer abschmecken. Den Topf vom Herd nehmen und die Sauce über dem Wasser warm halten (maximal 10 Minuten, damit sie nicht ausflockt) und dabei gelegentlich umrühren. Den Spargel abtropfen lassen, mit der Champagnersauce überziehen und servieren.

Rezepte zum Angeben

Rowley Leigh betreibt in London das *Café Anglais*. Er gilt als einer der Vorreiter der modernen britischen Gastronomie und hat verschiedene erfolgreiche Kochbücher verfasst. Seine Küche ist von der französischen Küche geprägt, dabei aber dennoch einfach. Eigentlich braucht man es gar nicht zu betonen: Für dieses Gratingericht sollten Sie nur reife Tomaten von bester Qualität verwenden.

Rowley Leigh
Tomaten-Auberginen-Tian

FÜR 6–8 PERSONEN
ZUBEREITUNG: 30 MINUTEN
KOCHZEIT: 35 MINUTEN

- 300 g backfertiger Blätterteig
- 750 g Auberginen, in 5 mm dicke Scheiben geschnitten
- 180 ml Olivenöl
- 750 g gerade reife Tomaten
- 4 Knoblauchzehen
- Meersalz
- 1 kleines Bund glatte Petersilie, fein geschnitten
- 3 EL frische Semmelbrösel
- frisch gemahlener schwarzer Pfeffer

Den Blätterteig zu einem Kreis mit 23 cm Durchmesser ausrollen und auf einem Backblech ruhen lassen.

Die Auberginenscheiben großzügig mit der Hälfte des Olivenöls bestreichen und in einer Pfanne braten, bis sie weich und schön gebräunt sind. Dabei gegebenenfalls noch etwas Öl hinzufügen.

Die Tomaten überbrühen, 10 Sekunden ruhen lassen, mit kaltem Wasser abschrecken, enthäuten und in Scheiben schneiden (die Scheiben sollten genauso dick sein wie die Auberginenscheiben).

Den Backofen auf 190 °C vorheizen. Den Knoblauch mit 1 Teelöffel Meersalz sehr fein hacken und mit der Petersilie und den Semmelbröseln mischen.

Den Blätterteig schuppenförmig abwechselnd mit Auberginen- und Tomatenscheiben belegen und dabei einen 1 cm breiten Rand lassen. Sparsam mit Salz und kräftig mit Pfeffer würzen, mit der Petersilienmischung bestreuen, mit dem restlichen Olivenöl beträufeln und den Tian etwa 35 Minuten in den Backofen schieben, bis der Teig rundum aufgegangen und leicht gebräunt ist. Auf eine Servierplatte gleiten und abkühlen lassen.

Die Zubereitung eines *rotolo di pasta*, einer gefüllten Nudelrolle, erfordert etwas Geduld und Geschick. Dafür wird man aber mit einem unvergleichlichen Genuss belohnt. Um sich die Arbeit etwas zu erleichtern, können Sie den Pastateig, den Kürbis und den Spinat bereits am Vortag zubereiten. Dann müssen Sie, wenn der große Tag gekommen ist, den Rotolo nur noch füllen und pochieren.

Rotolo di pasta mit Kürbis-Spinat-Füllung

FÜR 6 PERSONEN (ALS VORSPEISE)
ZUBEREITUNG: 45 MINUTEN
KÜHLZEIT: 30 MINUTEN
KOCHZEIT: 1 STUNDE

FÜR DEN PASTATEIG:

300 g Mehl + Mehl für die Arbeitsfläche

2 Eier

2 Eigelb

FÜR DIE FÜLLUNG:

1 Handvoll kleine Salbeiblätter

450 g Kürbisfruchtfleisch, in 2 cm breite Würfel geschnitten

3 EL Olivenöl

Salz, Pfeffer

500 g Spinat, gewaschen

75 g Butter

250 g Ricotta, abgetropft

2 EL geriebener Parmesan

1 gehäufte Msp. geriebene Muskatnuss

½ Rezept Ofentomaten (Seite 242)

Die Teigzutaten mit den Knethaken des Rührgeräts oder in der Küchenmaschine zu einem feinkrümeligen Teig verrühren. Anschließend den Teig 5 Minuten auf einer bemehlten Arbeitsfläche durchkneten, bis er glatt, weich und elastisch ist. Zu einer Kugel formen, in Frischhaltefolie einschlagen und 30 Minuten im Kühlschrank ruhen lassen.

Den Backofen auf 200 °C vorheizen. Die Salbeiblätter fein schneiden, mit den Kürbiswürfeln und 1 Esslöffel Olivenöl mischen und mit Salz und Pfeffer würzen. Den Kürbis auf einem Backblech verteilen und 30 Minuten im Backofen weich garen. Den Spinat bei mittlerer Hitze in 15 g Butter zusammenfallen lassen. Sobald die Flüssigkeit vollständig verdunstet ist, mit Salz und Pfeffer würzen und abkühlen lassen.

Den Ricotta in einer Schüssel mit dem Parmesan vermengen, mit Muskat, Salz und Pfeffer abschmecken und ruhen lassen. Den Pastateig auf der leicht bemehlten Arbeitsfläche mit dem ebenfalls leicht bemehlten Nudelholz zu einem 40 × 30 cm großen Rechteck ausrollen. Die Ränder begradigen und den Teig auf ein sauberes Geschirrtuch legen. Den Spinat gut ausdrücken, hacken und auf der Teigplatte verteilen. Dabei einen Rand frei lassen. Die Ricottamischung und zum Schluss die Kürbiswürfel darauf verteilen. Den Teig aufrollen, danach in das Geschirrtuch einrollen und die Enden des Tuchs mit Küchengarn zubinden. Die eingewickelte Nudelrolle 20 Minuten in einem großen Topf mit Salzwasser pochieren, anschließend herausnehmen und abtropfen lassen.

Das restliche Öl in einer Kasserolle erhitzen und die Salbeiblätter darin frittieren. Die restliche Butter zerlassen. Die Pastarolle aus dem Geschirrtuch wickeln, in 12 Scheiben schneiden, mit ein paar Ofentomaten anrichten, mit der zerlassenen Butter beträufeln und mit den frittierten Salbeiblättern garnieren.

Rezepte zum Angeben

Francesco Mazzei ist stolz auf seine kalabrischen Wurzeln, was sich auch in seiner ebenso rustikalen wie raffinierten Küche widerspiegelt. Die Speisekarte seines Restaurants *L'Anima* in London ist von der maurischen und süditalienischen Küche geprägt, wobei Mazzei, soweit möglich, auf heimische, saisonale Erzeugnisse zurückgreift. Borretsch wächst rund um das Mittelmeer als Wildpflanze und hat einen süßlichen, ein wenig an Gurken erinnernden Geschmack.

Francesco Mazzei
Tortelli mit Borretsch und Salbeibutter

FÜR 6 PERSONEN
ZUBEREITUNG: 70 MINUTEN
KOCHZEIT: 15 MINUTEN

FÜR DEN PASTATEIG:
1 Portion Pastateig (Seite 250)

FÜR DIE FÜLLUNG:
2 Schalotten, fein gehackt
60 g Butter
700 g junge Borretschblätter
Salz
frisch geriebene Muskatnuss
200 g Ricotta, abgetropft
50 g Parmesan, gerieben + Parmesan zum Servieren
2 TL fein geschnittener Majoran
Pfeffer

FÜR DIE SALBEIBUTTER:
100 g Butter
20 kleine Salbeiblätter

Den Pastateig wie auf Seite 250 beschrieben herstellen und ruhen lassen, bis die Füllung fertig ist.

Die Schalotten bei geringer Hitze in der Hälfte der Butter glasig schwitzen. Den Borretsch etwa 1 Minute in kochendem Salzwasser blanchieren, abgießen, unter fließendem kaltem Wasser abschrecken und fein hacken. Mit den Schalotten und 1 kräftigen Prise Muskat in eine Schüssel geben und abkühlen lassen.

Ricotta, Parmesan und Majoran dazugeben und mit Salz und Pfeffer würzen. Die restliche Butter zerlassen und ebenfalls hinzufügen. Inzwischen den Teig wie auf Seite 250 beschrieben ausrollen und mit dem Teigroller oder einem Messer in 8 x 8 cm große Quadrate schneiden. Auf jedes Quadrat (nicht exakt in der Mitte) 1 Teelöffel Füllung setzen. Die Ränder mit Wasser bepinseln und die Quadrate zu Dreiecken falten. Die Dreiecke mit der Spitze nach oben auf die Arbeitsfläche legen, die unteren Enden fassen, um den Zeigefinger legen und fest zusammendrücken (den Teig vorher eventuell mit Wasser bepinseln). Die Tortelli auf ein Stück Backpapier legen und etwas trocknen lassen, bis alle Tortelli fertig sind. Anschließend in einen großen Topf mit kochendem Salzwasser gleiten lassen, 4 Minuten kochen, bis sie an die Oberfläche steigen, und vorsichtig mit einem Schaumlöffel herausheben.

Die Butter mit dem Salbei in einer Pfanne erhitzen, bis sie schäumt und eine goldgelbe Farbe annimmt. Die Salbeibutter ist fertig, wenn die Butter ein haselnussartiges Aroma entfaltet und die Salbeiblätter knusprig sind. Die Tortelli abtropfen lassen, auf vorgewärmten Tellern anrichten, mit der Salbeibutter beträufeln und mit etwas geriebenem Parmesan bestreuen.

Wenn auf dem Markt wieder Pfifferlinge angeboten werden, sollten Sie unbedingt zugreifen, denn die kleinen gelben Pilze sind eine wahre Köstlichkeit. Hier werden sie mit Sauerkirschen und Wein in Butter gebraten. Dazu serviert man ein mit Trüffelbutter verfeinertes Kartoffelpüree. Als Krönung kann man das Ganze noch mit ein paar Trüffelperlen bestreuen. Dieser »Kaviar der vegetarischen Küche« wird aus schwarzen Trüffeln und Algen hergestellt.

Sautierte Pfifferlinge mit Sauerkirschen

FÜR 4 PERSONEN (ALS HAUPTGERICHT)
ZUBEREITUNG: 25 MINUTEN
KOCHZEIT: 20–25 MINUTEN

FÜR DAS KARTOFFELPÜREE:

900 g mehligkochende Kartoffeln, in Stücke geschnitten

50 g Trüffelbutter oder 50 g Butter und 2 TL Trüffelöl

100 g Crème fraîche

Salz, Pfeffer

FÜR DIE PFIFFERLINGE:

30 g Butter

1 EL Olivenöl

2 Knoblauchzehen, durchgepresst

600 g Pfifferlinge, mit einer weichen Bürste gesäubert

1 kleines Glas Madeira oder trockener Sherry

100 g getrocknete Sauerkirschen

1 kleines Glas Gemüsebrühe (Seite 236)

1 EL fein geschnittene glatte Petersilie

Salz, Pfeffer

4 TL Trüffelperlen zum Garnieren (nach Belieben)

Die Kartoffeln 20–25 Minuten dämpfen. Sie sollten sehr weich sein, ohne zu zerfallen. Abgießen und bei geringer Hitze in einem Topf abdämpfen (den Topf dabei rütteln).

Die Kartoffeln mit der Kartoffelpresse oder mit dem Kartoffelstampfer zerdrücken, bis eine glatte Masse entstanden ist. Die Trüffelbutter (oder die Butter und das Trüffelöl) und die Crème fraîche unterziehen, kräftig mit Salz und Pfeffer abschmecken und warm stellen.

Während die Kartoffeln kochen, die Pilze braten. Dazu die Butter mit dem Olivenöl bei mittlerer bis starker Hitze in einer großen Pfanne erhitzen. Den Knoblauch hineingeben, umrühren, die Pilze hinzufügen und 2 Minuten braten. Die Pfanne dabei gelegentlich rütteln. Die Pilze mit einem Schaumlöffel aus der Pfanne heben und auf einen Teller geben. Den Madeira (oder Sherry) in die Pfanne geben und 1 Minute einkochen lassen. Kirschen und Brühe dazugeben und 5 Minuten köcheln lassen. Die Pilze wieder in die Pfanne geben, die Petersilie hinzufügen und mit Salz und Pfeffer würzen.

Die Pilze auf dem Kartoffelpüree anrichten und das Ganze eventuell noch mit ein paar Trüffelperlen garnieren.

Rezepte zum Angeben

Tom Pemberton war früher Küchenchef im Restaurant *St. John* in London und hat 2007 in Notting Hill ein eigenes Restaurant, das *Hereford Road*, eröffnet. Er schwört auf Produkte aus heimischer Erzeugung, insbesondere auf einen Schafskäse, den Childwickbury, der sich durch einen besonders frischen, milden Geschmack auszeichnet. Den Bärlauch und die Morcheln kann man im Herbst durch jungen Spinat und Pfifferlinge ersetzen.

Tom Pemberton
Perlgraupen mit Pilzen und Butternusskürbis

FÜR 4–6 PERSONEN
ZUBEREITUNG: 25 MINUTEN
KOCHZEIT: 1 STUNDE

20 g getrocknete Waldpilze

8 große Champignons

1 kleiner Butternuss- oder Riesenkürbis, halbiert, die Kerne entfernt und in Scheiben geschnitten

3 EL Olivenöl

Salz, Pfeffer

3 Zweige Rosmarin, die Blätter abgezupft

3 Zweige Thymian, die Blätter abgezupft

2 Schalotten, fein gehackt

15 g Butter

200 g Perlgraupen

2 Stängel Estragon, gehackt

2 Lorbeerblätter

40 g weiche Butter

1 Knoblauchzehe, zerdrückt

1 kleine Handvoll frische Morcheln

1 Handvoll Bärlauchblätter

Zitronensaft

200 g Ziegenfrischkäse

200 ml Wasser aufkochen lassen und die getrockneten Pilze 10 Minuten darin einweichen. Für das Gericht wird nur das Einweichwasser benötigt.

Den Backofen auf 200 °C vorheizen. Die Champignons und die Kürbisscheiben jeweils auf einem Backblech verteilen, mit Olivenöl beträufeln, mit Salz und Pfeffer würzen und mit Rosmarin und Thymian bestreuen. Die Champignons 20 Minuten, den Kürbis etwa 35 Minuten im Backofen braten.

Die Schalotten in der Butter anschwitzen. Die Perlgraupen waschen und zu den Schalotten geben. Estragon, Lorbeerblätter und das Pilzwasser hinzufügen und die Graupen 2 cm hoch mit Wasser bedecken. Aufkochen und 25 Minuten köcheln lassen, bis die Graupen gerade weich sind.

Die weiche Butter mit dem Knoblauch vermengen. Unmittelbar vor dem Servieren die Morcheln in der Hälfte der Knoblauchbutter kurz anbraten. Die Champignons in Scheiben schneiden und mit dem Kürbis (und gegebenenfalls mit der angefallenen Bratflüssigkeit) zu den Graupen geben. Den Bärlauch, die restliche Knoblauchbutter und 1 Spritzer Zitronensaft hinzufügen und das Ganze noch einmal unter Rühren erhitzen, bis die Bärlauchblätter weich werden. Den Topf vom Herd nehmen, die Hälfte des Käses und die Morcheln untermischen. Auf Tellern anrichten, den restlichen Käse darüberkrümeln und servieren.

Diese ungewöhnliche Tarte kann als Vorspeise, als Hauptgericht und sogar als Dessert serviert werden. Dazu passt ein Rucolasalat oder, wenn Sie die Tarte als Dessert servieren, etwas Crème fraîche. Die Birnen und der Parmesan können durch Feigen und einen schnittfesten Ziegenkäse ersetzt werden.

Gestürzte Birnentarte mit Parmesan und Thymian

FÜR 6–8 PERSONEN
ZUBEREITUNG: 20 MINUTEN
KÜHLZEIT: 20 MINUTEN
KOCH- UND BACKZEIT: 40 MINUTEN

75 g Farinzucker

50 g Butter

3 EL Balsamico-Essig

2 EL gehackte Walnusskerne

1 EL Thymianblätter

6 feste, reife Birnen, die Kerngehäuse entfernt und geviertelt

FÜR DEN TEIG:

100 g Butter

200 g Mehl + Mehl für die Arbeitsfläche

1 Prise Salz

100 g Parmesan, gerieben

1 Ei, verquirlt

1 EL Thymianblätter

Für den Teig Butter und Mehl in der Küchenmaschine oder mit dem Rührgerät zu einem feinkrümeligen Teig verkneten. Salz und Parmesan und danach das Ei und den Thymian hinzufügen und das Ganze so lange rühren, bis sich der Teig zu einer Kugel formt. Den Teig kurz durchkneten, zu einem Kreis formen, in Frischhaltefolie verpacken und mindestens 20 Minuten in den Kühlschrank legen.

Den Backofen auf 180 °C vorheizen. Eine Rundform (25 cm Durchmesser) oder ofengeeignete Pfanne auf die Herdplatte stellen und den Zucker darin erhitzen, bis er schmilzt. Die Form dabei schwenken, damit er gleichmäßig schmilzt. Die Wärmezufuhr etwas erhöhen, Butter und Essig hinzufügen und das Ganze etwa 1 Minute köcheln lassen. Die Form vom Herd nehmen, mit den Nüssen und dem Thymian ausstreuen und die Birnen mit der Schnittfläche nach oben in konzentrischen Kreisen in der Form verteilen.

Den Teig auf der leicht bemehlten Arbeitsfläche zu einem Kreis mit 27 cm Durchmesser ausrollen. Um das Nudelholz wickeln und auf die Birnen gleiten lassen. Den Teig am Rand nach unten drücken, sodass er die Birnen fest umschließt. Die Tarte 30 Minuten im Ofen backen, bis der Teig eine goldene Farbe hat und der Karamell am Rand Blasen wirft. Die Tarte anschließend 10 Minuten ruhen lassen. Einen großen Teller auf die Form legen und Form und Teller mit einer ruckartigen Bewegung umdrehen. Die Form abnehmen und die Tarte servieren.

Rezepte zum Angeben

Außen knusprig, innen zartschmelzend – dieser Köstlichkeit kann man einfach nicht widerstehen! Und der Clou daran ist die Spirale aus Salzkaramell. Die Tarte einige Stunden im Voraus backen und kalt, aber nicht eisgekühlt servieren.

Schokoladentarte mit Salzkaramell

FÜR 12 PERSONEN
ZUBEREITUNG: 30 MINUTEN
KOCH- UND BACKZEIT: ETWA 40 MINUTEN

FÜR DEN KARAMELL:

175 g Farinzucker

120 g Crème fraîche

½ TL Meersalzflocken oder Fleur de Sel

120 g Butter, in Würfel geschnitten

FÜR DIE TARTE:

250 g Zartbitterschokolade (mindestens 70 % Kakaoanteil), in Stücke gebrochen

160 g Butter, in Würfel geschnitten

175 g Farinzucker

1 Päckchen Vanillezucker

120 g gemahlene Mandeln

5 Eigelb

6 Eiweiß

Eine Springform mit Backpapier auskleiden. Für den Karamell den Zucker in einem Topf mit dickem Boden mit 3 Esslöffeln Wasser bei geringer Hitze unter Rühren erhitzen, bis er sich aufgelöst hat. Bei mittlerer bis starker Hitze aufkochen lassen und dabei nicht umrühren. Kurz kochen lassen (den Topf dabei nicht aus den Augen lassen), bis ein goldgelber Karamell entstanden ist. Den Topf schwenken, damit sich keine Klümpchen bilden. Ein Karamell darf keinesfalls umgerührt werden, sonst kristallisiert der Zucker unter Umständen. Den Topf vom Herd nehmen und die Crème fraîche und das Salz einrühren (dabei wird es ordentlich zischen). Die Butter hinzufügen und so lange rühren, bis der Karamell glatt ist. Den Karamell anschließend abkühlen lassen.

Den Backofen auf 180 °C vorheizen. Die Schokolade mit Butter und Zucker im Wasserbad schmelzen lassen. Oder bei geringer Hitze im Topf auf der Herdplatte schmelzen lassen, dabei aber darauf achten, dass sie nicht anbrennt. Aus dem Wasserbad oder vom Herd nehmen und glatt rühren. Den Vanillezucker und die Mandeln hinzufügen und die Eigelbe einzeln unterrühren.

Die Eiweiße steif schlagen (dabei darauf achten, dass die Schüssel absolut sauber ist). 1 Löffel Eischnee mit einem Metalllöffel unter die Schokoladenmischung rühren. Den restlichen Eischnee vorsichtig unterziehen und den Teig in die Form füllen. Die Oberfläche glatt streichen und den Karamell von der Mitte ausgehend spiralförmig darauf verteilen. Mit einem spitzen Messer vorsichtig in den Teig stechen, damit der Karamell etwas eindringen kann. Dabei darauf achten, dass er sich nicht zu sehr mit dem Teig vermischt. Die Tarte 30 Minuten backen (sie geht beim Backen auf, bleibt in der Mitte aber weich) und danach in der Form auskühlen lassen. Als Dessert mit Crème fraîche, Schlagsahne oder Eiscreme servieren.

226   *Rezepte zum Angeben*

Ein gehaltvolles, sprich kalorienreiches Dessert muss einfach gut schmecken. Sonst ist es die kleine Sünde nicht wert. Und da wird Sie diese himmlische Tarte ganz bestimmt nicht enttäuschen …

Mandeltarte mit Beerenkompott

FÜR 10–12 PERSONEN
ZUBEREITUNG: 40 MINUTEN
KÜHLZEIT: 1 STUNDE
BACKZEIT: 80 MINUTEN

FÜR DEN TEIG:

225 g Mehl + Mehl für die Arbeitsfläche

125 g Butter, in Würfel geschnitten

½ TL Salz

60 g Puderzucker

1 Eigelb

2–4 TL Eiswasser

FÜR DIE FÜLLUNG:

250 g Mandeln, geschält

2 EL Mehl

250 g Butter

275 g Farinzucker

1 Vanilleschote, aufgeschlitzt und das Mark herausgekratzt

4 Eier

300 g gemischte Beeren (Blaubeeren, Himbeeren, Brombeeren, Rote und Schwarze Johannisbeeren)

FÜR DAS KOMPOTT:

300 g gemischte Beeren (siehe oben)

3 EL Farinzucker

1 EL Balsamico-Essig

eisgekühlte Crème fraîche zum Servieren

Den Backofen auf 170 °C vorheizen. Für den Teig das Mehl mit Butter, Salz und Zucker in der Küchenmaschine oder mit dem Rührgerät zu einem feinkrümeligen Teig verkneten. Das Eigelb und 2 Teelöffel Eiswasser hinzufügen und das Ganze so lange rühren, bis sich der Teig zu einer Kugel formt. Gegebenenfalls noch 1–2 Teelöffel Wasser hinzufügen (keinesfalls mehr, da der Teig sonst klebrig wird). Den Teig kurz durchkneten, bis er glatt ist. Zu einer Kugel formen, in Frischhaltefolie einschlagen und mindestens 30 Minuten in den Kühlschrank legen. Anschließend auf der leicht bemehlten Arbeitsfläche zu einer Scheibe ausrollen (sie muss so groß sein, dass man damit eine Form, möglichst mit herausnehmbarem Boden, auskleiden kann). Die Form mit dem Teig auslegen, überstehenden Teig mit einem scharfen Messer abschneiden und die Form mindestens 30 Minuten in den Kühlschrank stellen.

Die Mandeln mit dem Mehl in der Küchenmaschine fein mahlen. Das Mehl sorgt dafür, dass die Mandeln dabei nicht ölig werden. Die gemahlenen Mandeln in eine Schüssel füllen. Anschließend die Butter mit 250 g Zucker und dem Vanillemark in der Küchenmaschine oder mit dem Rührgerät zu einer lockeren Masse aufschlagen. Während des Rührens die Eier einzeln hinzufügen, bis eine homogene Masse entstanden ist. Die Butter-Eier-Mischung zu den Mandeln geben und beides sorgfältig vermengen. Die Beeren auf dem Tarteboden verteilen, die Mandelmischung daraufgeben und glatt streichen. Gleichmäßig mit dem restlichen Zucker bestreuen und den Kuchen etwa 80 Minuten backen, bis er aufgegangen und goldbraun ist.

Inzwischen das Kompott zubereiten. Die Beeren bei geringer Hitze mit der ausgekratzten Vanilleschote, Zucker und Essig kochen, bis sie ihren Saft abgeben. Den Topf dann vom Herd nehmen. Die ausgekühlte Tarte mit dem Kompott und Crème fraîche servieren.

Rezepte zum Angeben

Statt gleich in rauen Mengen irgendeine Nullachtfünfzehn-Konfitüre zu kochen, die dann monatelang herumsteht, beschränkt man sich besser auf kleine Mengen. Dafür sollte es dann aber etwas Besonderes sein. Wie zum Beispiel diese einmalige Feigenkonfitüre, die hervorragend zu Käse, Crackern und vielem anderem mehr passt.

Feigenkonfitüre

ERGIBT 2 GLÄSER
ZUBEREITUNG: 5 MINUTEN
MARINIERZEIT: 4 STUNDEN
KOCHZEIT: 40 MINUTEN

800 g gerade reife, violette Feigen, halbiert

½ TL Fenchelsamen

300 g Farinzucker

Saft von 1 Zitrone

Die Feigen mit den Fenchelsamen und dem Zucker mischen, zudecken und 4 Stunden durchziehen lassen oder über Nacht in den Kühlschrank stellen.

Die Mischung bei geringer Hitze in einem großen Topf erhitzen. Sobald sie zu kochen beginnt, die Feigen mit einem Schaumlöffel herausnehmen. Die Wärmezufuhr erhöhen und den Sirup kurz kochen lassen, bis er eine Temperatur von etwa 120 °C erreicht hat. Wenn Sie kein Zuckerthermometer besitzen, etwas Sirup auf einen Teelöffel tropfen und in eine Tasse mit kaltem Wasser eintauchen. Bildet der Sirup eine feste Kugel, ist er fertig.

Die Feigen wieder zum Sirup geben und etwa 25 Minuten köcheln lassen, bis das Ganze eindickt. Dabei von Zeit zu Zeit umrühren und die Früchte mit dem Kochlöffel etwas zerkleinern. Zum Schluss den Zitronensaft unterrühren.

Die Konfitüre in sterilisierte Schraubgläser füllen und an einem kühlen, lichtgeschützten Platz aufbewahren.

Rezepte zum Angeben

Grundrezepte

Neuntes Kapitel

Die folgenden Rezepte sind lediglich als Anregung gedacht. Probieren Sie sie einmal aus und experimentieren Sie dann selbst mit anderen Aromen. Aromatisierte Butter eignet sich hervorragend zum Verfeinern von gedämpftem Gemüse, Nudeln etc. Und sie kann sogar eingefroren werden.

Aromatisierte Butter

ERGIBT JE 250 GRAMM
ZUBEREITUNG: 15 MINUTEN
KÜHLZEIT: 1 STUNDE

250 g weiche Butter
Aromen (siehe Rezepte)
1 TL Meersalz

Die weiche Butter mit den Zutaten Ihrer Wahl und dem Salz vermengen. Auf ein Stück Pergamentpapier legen und zu einer Rolle formen. Das Papier an den Enden zusammendrehen und die Butter mindestens 1 Stunde im Kühlschrank fest werden lassen. Je nach Bedarf Scheiben davon abschneiden. Im Kühlschrank ist die aromatisierte Butter mindestens 4 Wochen haltbar. Wenn Sie die Rolle einfrieren wollen, schneiden Sie sie vorher in Scheiben. Tiefgekühlt ist die Butter bis zu 3 Monate haltbar.

Butter mit Limette und Chili

Abgeriebene Schale von 2 Limetten + 2 fein gehackte rote Chilischoten (die Samen vor dem Hacken entfernen)

Butter mit Roquefort und schwarzem Pfeffer

75 g fein zerkleinerter Roquefort + 1 TL Thymianblätter + 2 TL zerstoßener schwarzer Pfeffer

Butter mit Knoblauch und Kräutern

2 große durchgepresste Knoblauchzehen + 3 EL fein geschnittene Basilikumblätter oder Schnittlauchröllchen + 2 EL geröstete und gehackte Pinienkerne

Petersilienbutter

3 EL fein geschnittene Petersilie + ½ durchgepresste Knoblauchzehe + ½ TL zerstoßener schwarzer Pfeffer

Mayonnaise

2 Eigelb
1 TL Dijon-Senf
Salz, Pfeffer
275 ml sehr mildes Olivenöl
Zitronensaft

Die Eigelbe mit dem Schneebesen kräftig mit dem Senf verrühren. Mit Salz und Pfeffer würzen. Das Öl zunächst tropfenweise und dann in einem feinen Strahl unterschlagen, bis eine dicke, glänzende Mayonnaise entstanden ist. Sobald Sie die Hälfte des Öls untergeschlagen haben, 1 kräftigen Spritzer Zitronensaft hinzufügen. Gegebenenfalls noch einmal mit Salz, Pfeffer oder Zitronensaft abschmecken. Die Mayonnaise nach Belieben noch mit 2 Esslöffeln fein gehackten Kräutern aromatisieren. Für ein Aioli 2–3 durchgepresste Knoblauchzehen mit den Eigelben und dem Senf verrühren. Für ein Aioli mit Paprika 2 eingelegte rote Paprikaschoten (aus dem Glas) pürieren und unter die fertige Mayonnaise mischen.

Gomasio

3 EL Meersalz
400 g Sesam

Das Salz ohne Zugabe von Fett unter häufigem Rühren in einer Pfanne rösten, bis es grau wird. Anschließend in den Mörser, die Gewürzmühle oder die Küchenmaschine geben. Den Sesam in der Pfanne rösten, bis er sein Aroma entfaltet. Zum Salz geben und das Ganze grob zerkleinern. Die Mischung darf nicht zu fein zerkleinert werden, damit sie nicht ölig wird. In ein Schraubglas füllen und binnen 2 Monaten verbrauchen.

Balsamico-Vinaigrette

2 EL Balsamico-Essig
1 Prise Zucker
4 EL Olivenöl
1 TL Dijon-Senf
1 EL fein geschnittenes Basilikum

Diese Vinaigrette passt wunderbar zu Tomaten und gebratenem mediterranem Gemüse. Sie kann nach Belieben noch mit etwas Knoblauch verfeinert werden. Die Zutaten mit 1 Esslöffel Wasser in einem kleinen Mixer zu einer homogenen Sauce verrühren.

Gemüsebrühe

1 EL Sonnenblumenöl
2 große Zwiebeln, fein geschnitten
2 große Möhren, klein geschnitten
10 Stangen Sellerie, klein geschnitten
6 Knoblauchzehen, zerdrückt
4 Mangoldstiele, klein geschnitten
60 g braune Linsen
3 Lorbeerblätter
1 kleines Bund Petersilie
1 TL schwarze Pfefferkörner
1 TL Meersalz

Das Öl in einem Topf erhitzen. Zwiebeln und Möhren 20 Minuten bei geringer Hitze unter Rühren anschwitzen (das Gemüse sollte goldgelb und karamellisiert sein). Die übrigen Zutaten hinzufügen, 2 Liter Wasser angießen, aufkochen und 1 Stunde köcheln lassen. Abseihen und das Gemüse wegwerfen. Die Brühe anschließend auf 1,5 Liter einkochen lassen.

Meerrettichsauce

2 EL Crème fraîche
4 EL Walnussöl
1 EL geriebener Meerrettich
(nach Belieben auch mehr)
Saft von 1 Zitrone
1 Prise Zucker
Salz, Pfeffer

Nichts für zartes Gemüse ist diese Sauce, denn es bedarf schon einer gewissen Robustheit, um der Schärfe des Meerrettichs standzuhalten. Die Zutaten mit 2 Esslöffeln Wasser kräftig mit dem Schneebesen verrühren und die Sauce mit Salz und Pfeffer abschmecken.

Salsa verde

1 kleines Bund Petersilie, fein geschnitten
½ Bund Minze, fein geschnitten
etwa 75 ml Olivenöl
1 große Knoblauchzehe, durchgepresst
2 EL Kapern, abgespült, abgetropft und gehackt
1½ EL Dijon-Senf
2 EL Rotweinessig
Salz, Pfeffer

Die Kräuter in eine kleine Schüssel füllen und mit 75 ml Olivenöl bedecken. Die übrigen Zutaten dazugeben und die Sauce mit Salz und Pfeffer abschmecken. Ist die Sauce zu dick (sie sollte relativ flüssig sein), noch etwas Öl hinzufügen.

Pesto

1 große Knoblauchzehe, grob gehackt
1 Prise Meersalz
1 große Handvoll Basilikumblätter
60 g Pinienkerne
70 g Parmesan, gerieben
100 ml Olivenöl

Knoblauch, Salz, Basilikum und Pinienkerne in der Küchenmaschine pürieren. Dabei von Zeit zu Zeit die Wände der Rührschüssel säubern. Den Parmesan dazugeben, das Öl tropfenweise hinzufügen und die Zutaten gut verrühren. Das Basilikum lässt sich auch durch Petersilie, Rucola oder Kresse ersetzen, die Pinienkerne durch geschälte Mandeln. Für ein Pesto rosso zu Beginn noch 5 abgetropfte und gehackte in Öl eingelegte getrocknete Tomaten hinzufügen. Veganer lassen den Parmesan weg und nehmen stattdessen 3 Esslöffel Pinienkerne oder Mandeln.

Zitronensauce

½ Knoblauchzehe, durchgepresst
1 EL Blütenhonig
1 TL grobkörniger Senf
Saft und abgeriebene Schale von 1 Bio-Zitrone
90 ml Olivenöl
Salz, Pfeffer

Die Zitronensauce passt hervorragend zu Chicorée, Radicchio, Rucola und Brunnenkresse. Für Gemüse mit weniger intensivem Eigengeschmack den Honig eventuell durch 2 Esslöffel geriebenen Parmesan ersetzen. Sämtliche Zutaten in ein Schraubglas füllen, mit Salz und Pfeffer würzen und das Glas kräftig schütteln, bis eine homogene Sauce entstanden ist.

Saucen

Tapenade mit Feigen

100 g gehackte getrocknete Feigen 15 Minuten bei geringer Hitze in 100 ml Wasser weich kochen. Dabei laufend umrühren. Den Topf vom Herd nehmen und die Feigen abkühlen lassen. ½ Knoblauchzehe, 150 g entsteinte schwarze Oliven, 2 Esslöffel Kapern, die Feigen mit der Flüssigkeit, frisch gemahlenen Pfeffer und 2 Esslöffel Thymianblätter im Mixer pürieren und die Tapenade mit Olivenöl verflüssigen.

Sauce hollandaise

120 g Butter in einem kleinen Topf zerlassen. 2 Eigelbe im Mixer oder mit dem Rührgerät mit 2 Esslöffeln kochendem Wasser verquirlen und mit 1 Prise Salz und etwas schwarzem Pfeffer würzen. Ohne das Rühren zu unterbrechen, die heiße Butter tropfenweise hinzufügen, bis die Mischung eindickt. 2 Esslöffel Zitronensaft einrühren und die Sauce vor dem Servieren noch einmal abschmecken.

Gorgonzolasauce

2 fein gehackte Schalotten in etwas Butter glasig schwitzen. 150 g zerkrümelten Gorgonzola oder Roquefort hinzufügen und unter vorsichtigem Rühren schmelzen lassen. 100 g Crème fraîche einrühren, mit schwarzem Pfeffer würzen und zum Schluss eventuell noch etwas fein geschnittene Petersilie hinzufügen. Schmeckt köstlich zu Pasta.

4

Walnuss-Tarator

Diese türkische Sauce hat eine gewisse Ähnlichkeit mit einem Pesto mit Walnüssen. Man genießt sie zu gebratenem oder gegrilltem Gemüse oder in Pitas. 200 g Walnusskerne mit 1 großen zerdrückten Knoblauchzehe und 1 kräftigen Prise Salz im Mixer fein mahlen. Nach und nach 2 Esslöffel Rotweinessig, 100 ml Wasser und 60 ml Olivenöl hinzufügen und so lange rühren, bis eine cremige, aber nicht ganz glatte Sauce entstanden ist.

6

Tomatensauce

1 kleine Zwiebel schälen und halbieren. 1 geschälte Knoblauchzehe leicht zerdrücken. Beides mit 1 großen Dose (800 g) geschälten Tomaten und 75 g Butter oder 75 ml Olivenöl in einen Topf geben und 40–50 Minuten bei geringer Hitze unter gelegentlichem Rühren köcheln lassen. Mit Salz und Pfeffer abschmecken und die Zwiebel entfernen.

5

Béchamelsauce

1 Liter Milch in einem Topf mit 1 kleinen geschälten und halbierten Zwiebel, 10 schwarzen Pfefferkörnern und 2 Lorbeerblättern aufkochen, vom Herd nehmen und etwa 20 Minuten ziehen lassen. Anschließend abseihen. In einem zweiten Topf 60 g Butter zerlassen. 60 g Mehl hinzufügen, mit dem Schneebesen glatt rühren und etwa 1 Minute bei geringer Hitze unter Rühren anschwitzen. Nach und nach die Milch angießen und dabei laufend mit dem Schneebesen rühren, damit sich keine Klümpchen bilden. Die Sauce zum Kochen bringen und bei sehr geringer Hitze und unter Rühren mindestens 5 Minuten, besser 15 Minuten köcheln lassen. Mit Salz, Pfeffer und 1 kräftigen Prise Muskat abschmecken. Die Sauce anschließend abdecken, damit sich keine Haut bildet.

Tomatenkonfitüre mit Chili

10 milde rote Chilischoten, die Samen entfernt
2 Schalotten, grob gehackt
4 cm Ingwerwurzel, grob gehackt
2 Stängel Zitronengras, grob gehackt
200 g Kirschtomaten, halbiert
75 g Farinzucker
4 EL Reisessig
2 EL Sojasauce
Salz

Die Chilischoten mit Schalotten, Ingwer und Zitronengras in der Küchenmaschine oder mit dem Blitzhacker fein hacken. Mit Tomaten und Zucker etwa 20 Minuten bei mittlerer bis starker Hitze kochen lassen, bis die Flüssigkeit verdunstet und der Zucker karamellisiert ist. Essig und Sojasauce hinzufügen und verkochen lassen. Mit Salz abschmecken und in ein sterilisiertes Schraubglas füllen. Das Glas verschließen und die Konfitüre im Kühlschrank (maximal 4 Wochen) aufbewahren.

Tomatensauce mit geschmorten Tomaten

300 g Ofentomaten (Rezept siehe unten links)
500 g passierte Tomaten
1 kleine Handvoll Basilikumblätter
2 EL Olivenöl

Diese köstliche Sauce ist schnell gemacht, vorausgesetzt, Sie haben gerade geschmorte Tomaten vorrätig. Sämtliche Zutaten in der Küchenmaschine verrühren, bis eine fast glatte Sauce entstanden ist. Die Sauce kann nach Belieben noch mit gehackter roter Chilischote oder Knoblauch angereichert werden.

Ofentomaten

1 kg reife Tomaten, halbiert
Salz, Pfeffer
2 EL Zucker
2 EL frische Rosmarinnadeln, fein geschnitten
3 Knoblauchzehen, fein gehackt
Olivenöl

Den Backofen auf 110 °C vorheizen. Die Tomatenhälften mit der Schnittfläche nach oben auf zwei Backblechen verteilen, mit Salz, Pfeffer, Zucker, Rosmarin und Knoblauch bestreuen und mit etwas Olivenöl beträufeln. 4 Stunden im Ofen backen, bis sie zusammengeschrumpft und an den Rändern leicht gebräunt sind. Besonders große Tomaten 6 Stunden, Kirschtomaten nur 3 Stunden im Ofen lassen.

Paprikakompott

3 rote Paprikaschoten, Stielansätze entfernt
3 längliche rote Chilischoten, Stielansätze entfernt
1 rote Zwiebel, halbiert und fein geschnitten
2 EL Olivenöl
1 Knoblauchzehe, durchgepresst
1 EL Farinzucker
3 EL Sherryessig
1 Msp. edelsüßes Paprikapulver

Paprika- und Chilischoten unter dem sehr heißen Backofengrill rösten, bis sie rundherum gebräunt sind. In eine Schüssel legen, mit Frischhaltefolie abdecken und einige Minuten ruhen lassen. Die Schalen abziehen, die Schoten halbieren und Samen und Scheidewände entfernen, anschließend hacken. Die Zwiebel im Öl anschwitzen, dann die Wärmezufuhr verringern, Knoblauch, Paprika und Chili dazugeben und das Ganze 5 Minuten kochen lassen. Zucker, Essig und Paprikapulver hinzufügen. Den Zucker karamellisieren lassen. Das Kompott in ein sterilisiertes Schraubglas füllen und kühl lagern.

Satay-Sauce

1 Knoblauchzehe, gehackt
2 Schalotten, grob gehackt
1–2 rote Chilischoten, Samen entfernt und grob gehackt
1 EL Erdnussöl
2 TL Zucker
150 g geröstete Erdnüsse, grob gehackt
1 EL Sojasauce
400 ml Kokosmilch
Saft von 1 Limette

Den Knoblauch mit Schalotten und Chili im Öl bei geringer Hitze anschwitzen. Zucker und Erdnüsse hinzufügen und das Ganze 2 Minuten kochen lassen, bis die Erdnüsse karamellisiert sind. Sojasauce und Kokosmilch dazugeben und 5 Minuten köcheln lassen. Die Sauce eventuell im Mixer pürieren, den Limettensaft und gegebenenfalls noch etwas Sojasauce hinzufügen. Im Kühlschrank ist die Sauce mindestens 2 Wochen haltbar.

Chermoula

1 kleines Bund Koriandergrün
1 kleines Bund Petersilie
1 EL geröstete Kreuzkümmelsamen
Saft und abgeriebene Schale von 1 Bio-Zitrone
75 ml Olivenöl
½ TL Salz
1 Knoblauchzehe, durchgepresst
½ TL Paprikapulver
1 TL Ras el Hanout (marokkanische Gewürzmischung, in nordafrikanischen Lebensmittelgeschäften erhältlich)
schwarzer Pfeffer

Sämtliche Zutaten in der Küchenmaschine oder im Mixer zu einer Sauce vermengen und mit Pfeffer abschmecken. Ist die Sauce zu dick, noch etwas Olivenöl hinzufügen. In einem Schraubglas kühl gelagert, ist die Chermoula bis zu 2 Wochen haltbar.

Ingwer-Limetten-Sauce

1½ EL Zucker
2 EL vegetarisches *nuoc mam* oder Sojasauce
2 EL Reisessig
Saft von ½ Limette
4 cm Ingwerwurzel, fein gehackt
1 große Knoblauchzehe, fein gehackt
1 rote Chilischote, die Samen entfernt und fein gehackt (nach Belieben)

Den Zucker unter Rühren in 60 ml kochendem Wasser auflösen. Die restlichen Zutaten hinzufügen, gut umrühren und die Sauce vor dem Servieren einige Minuten ruhen lassen.

Essigfrüchte

500 ml Rotweinessig
2 EL Zucker
1 EL Meersalz
1 EL schwarze Pfefferkörner
3 Zweige Rosmarin
500 g frische Früchte ohne Stein, halbiert oder in Scheiben geschnitten

Sämtliche Zutaten bis auf die Früchte mit 150 ml Wasser aufkochen und die Früchte dazugeben. Auf 3 sterilisierte Schraubgläser verteilen und die Gläser verschließen. Die Früchte vor dem Verzehr mindestens 2, möglichst aber 4 Wochen durchziehen lassen. Essigfrüchte schmecken vorzüglich zu Käse oder in Salaten. Die durchgeseihte Marinade lässt sich für eine Vinaigrette verwenden. Die Gläser nach dem Öffnen im Kühlschrank aufbewahren. Die Früchte sind so mindestens 4 Wochen haltbar.

Menüvorschläge

Menü für einen Winterabend

Radicchiosalat mit Blutorangen, Mozzarella und Croûtons (Seite 82)

Risotto mit Pastinaken, Salbei und Mascarpone (Seite 172)

Mandeltarte mit Beerenkompott (Seite 228)

Käse, Salzgebäck und Feigenkonfitüre (Seite 230)

Frühlingsbrunch

Brombeer-Milchshake, Mango-Smoothie mit Cashewkernen (Seite 32)

Knuspermüsli mit Honig und Kürbiskernen (Seite 34)

Gebackener Ricotta mit Avocado (Seite 24)

Pizza bianca (Seite 136)

Kartoffelpuffer mit Oliven und pochierten Eiern (Seite 160)

Festliches Sonntagsessen

Selleriesuppe mit weißen Bohnen
und Chermoula (Seite 126)

Perlgraupen mit Pilzen und
Butternusskürbis (Seite 222)

Grünes Gemüse und Walnuss-Tarator
(Seite 186)

Gestürzte Birnentarte mit Parmesan
und Thymian (Seite 224)

Schnelles Abendessen mit Freunden

Schopska-Salat (Seite 168)

Risotto mit Fenchel und Zitrone (Seite 201)

Grüner Spargel mit gerösteten
Semmelbröseln (Seite 186)

Vanilleeis mit warmer Salzkaramellsauce
(Salzkaramell siehe Seite 226)

Menüvorschläge 247

Menüvorschläge

Romantisches Dinner

Weißer Gazpacho (Seite 116)

Rotolo di pasta mit Kürbis-
Spinat-Füllung (Seite 216)

Schokoladentarte mit
Salzkaramell (Seite 226)

Käseplatte mit Essigfrüchten
(Seite 244)

Asia-Lunch

Sommerliche Frühlingsrollen (Seite 206)

Knuspriger Tofu mit
Soja-Ingwer-Sauce (Seite 154)

Geschmorte Auberginen mit
Pak Choi, Erdnüssen und
Thai-Basilikum (Seite 182)

Melonen-, Papaya- und
Mangoscheiben als Dessert

Sommerliches Picknick

Andalusischer Gazpacho (Seite 114)

Pissaladière (Seite 194)

Nektarinen-Tomaten-Salat mit
Büffelmozzarella (Seite 210)

Rustikales Brot (Seite 134)

Frische Beeren mit selbst
gemachtem Joghurt (Seite 36–37)

Kleine Häppchen zum Aperitif

Pikante gebackene Kichererbsen (Seite 105)

Panelle mit Caponata (Seite 46)

Betelblätter mit Kokosnuss und
Cashewkernen (Seite 208)

Linsenmousse und Möhren-Hummus
mit Knoblauchtoast (Seite 54)

Mini-Crêpes mit Kerbel, Auberginenkaviar
und Granatapfelkernen (Seite 204)

Menüvorschläge 249

Glossar

Betelblätter

Die essbaren Blätter des Betelpfeffers (Piper betle) erfreuen sich in der südostasiatischen Küche großer Beliebtheit. Frische Betelblätter sind in asiatischen Lebensmittelgeschäften erhältlich. Die Blätter müssen rasch verbraucht und im Kühlschrank aufbewahrt werden.

Blindbacken

Einen Teigboden ohne Füllung vorbacken, damit er flach bleibt und schön knusprig wird. Die Form mit dem Teig auskleiden und kurz in den Kühlschrank stellen. Den Teig mit Backpapier oder Alufolie abdecken, mit ungekochten getrockneten Hülsenfrüchten oder Reiskörnern beschweren und 15 Minuten bei 190 °C backen. Das Papier und die Hülsenfrüchte entfernen und den Boden noch 5–10 Minuten backen, bis er trocken und »körnig« aussieht, aber noch keine Farbe angenommen hat.

Burrata

Süditalienische Käsespezialität, die aus Büffel- oder Kuhmilch hergestellt wird. Der Burrata ähnelt dem Mozzarella, die Kugeln bestehen innen jedoch aus einem weichen Frischkäse. Burrata ist angenehm mild und cremig und sollte möglichst frisch gegessen werden. Man bekommt ihn in italienischen Lebensmittelgeschäften.

Buttermilch

Die säuerliche, etwas dickflüssige Buttermilch ist nichts anderes als die Milchflüssigkeit, die bei der Butterherstellung als Nebenprodukt anfällt. Als »reine Buttermilch« gekennzeichnete Produkte enthalten außer Milchsäurebakterien keine weiteren Zusätze. Fehlt dieser Zusatz, kann die Milch noch mit Wasser und Magermilch oder Milchpulver versetzt sein. Buttermilch eignet sich hervorragend zum Backen und macht das Gebäck, insbesondere Crêpes und Hefebrote, besonders locker.

Chinesischer schwarzer Essig

Milder, dunkler Essig, der aus Klebreis und Malz hergestellt wird. Man verwendet ihn nur in kleinen Mengen zum Verfeinern von Saucen, Marinaden und pfannengerührten Gerichten. Schwarzer Essig ist bei uns nur schwer zu bekommen. Ersatzweise eignet sich mit 1 Prise Farinzucker angereicherter Reisessig.

Chipotle-Chilischoten

Chipotles sind getrocknete und geräucherte Jalapeño-Chilischoten, eine außerordentliche scharfe mexikanische Chilisorte. Sie werden als ganze Schoten oder zu einer Paste gemahlen angeboten und verleihen Speisen, vor allem Ragouts und Suppen, eine rauchige Note. Gehen Sie aber sparsam damit um, die Schoten sind sehr scharf.

Daikon, Mooli oder Weißer Rettich

Große weiße karottenförmige Rübe mit knackigem Fruchtfleisch. Der Daikon, eine Zuchtform des Gartenrettichs, erfreut sich wegen seines milden Geschmacks in Asien großer Beliebtheit und ist ein unverzichtbarer Bestandteil der japanischen Küche. Daikon wird roh gegessen, eingemacht oder – beispielsweise als Suppeneinlage – gekocht. Rettich sollte möglichst kühl, im Kühlschrank oder einem kalten Keller, gelagert werden.

Gewürze, Körner und Nusskerne rösten

Damit sie ihr Aroma und ihren Geschmack besser entfalten, werden Gewürze, Ölfrüchte und Körner vor dem Mahlen oft – meist bei mittlerer Hitze in einer trockenen Pfanne, d. h. ohne Zugabe von Fett – geröstet. Nüsse und Körner können auch im Backofen geröstet werden. Dazu verteilt man sie auf einem Backblech und schiebt sie für 8–10 Minuten in den 150 °C heißen Backofen. Das Blech ab und zu rütteln, damit sie gleichmäßig geröstet werden, und darauf achten, dass sie nicht anbrennen.

Grenadine

Dicker, klebriger Fruchtsirup mit intensiver roter Farbe, der aus dem Saft von Granatäpfeln hergestellt wird. Wegen seines süßsauren Geschmacks schätzt man ihn vor allem im Mittleren Osten, wo er zum Verfeinern von Fleisch und Geflügel oder Gemüsesaucen verwendet wird. Als Ersatz eignet sich mit Honig und Tamarinde gemischter Zitronensaft. Mit Wasser verdünnt kann Grenadine auch als Getränk serviert werden.

Harissa

Nordafrikanische Gewürzpaste aus roten Chilischoten, Knoblauch und verschiedenen Gewürzen wie Kreuzkümmel, Koriander, Zitrone, Pfeffer … Manchmal enthält sie sogar Rosenknospen. Harissa wird in Gläsern angeboten und ist in nordafrikanischen und türkischen Lebensmittelgeschäften erhältlich, man findet sie aber gelegentlich auch in den Kühlregalen gut sortierter Supermärkte. Die Paste eignet sich besonders gut zum Würzen von Marinaden, Salatsaucen, Tagines, Suppen und Dips.

Kichererbsenmehl

Glutenfreies, aus Kichererbsen hergestelltes Mehl mit leicht nussigem Geschmack. Kichererbsenmehl eignet sich besonders gut für Ausbackteige, wie sie z. B. für Pakoras verwendet werden. Auch die berühmte italienische Farinata, ein im Holzofen gebackener Fladen, und ihre französische Variante, die Socca, werden aus Kichererbsenmehl hergestellt.

Pastateig

Dieser Pastateig ist die ideale Grundlage für die verschiedensten Pastagerichte, etwa für die vorzüglichen Tortelli mit Borretsch und Salbeibutter von Francesco Mazzei (Seite 218).

ZUTATEN
300 g Mehl
9 Eigelb
Hartweizengrieß

Das Mehl auf die Arbeitsfläche sieben und eine Vertiefung in die Mitte drücken. Die Eigelbe hineingleiten lassen und mit einer Hand mit kreisenden Bewegungen von der Mitte aus langsam mit dem Mehl vermengen, bis eine leicht blättrige Teigkugel entstanden ist. Unter Umständen benötigen Sie etwas weniger oder etwas mehr Mehl. Die Hände waschen und abtrocknen und den Teig etwa 10 Minuten durchkneten, bis er glatt und weich ist. Ist er zu klebrig, noch etwas Mehl hinzufügen. Den Teig in Frischhaltefolie einschlagen und 30–60 Minuten ruhen lassen oder über Nacht in den Kühlschrank legen.

Sobald Sie die Füllung zubereitet haben, den Teig in 6 Portionen teilen (nicht benötigten Teig in Frischhaltefolie verpacken, damit er nicht austrocknet) und mehrmals durch die Nudelmaschine drehen. Dabei mit der breitesten Einstellung beginnen und den Teig nach jedem Durchlauf zweimal zusammenfalten und mit Hartweizengrieß bestreuen, damit er nicht kleben bleibt. Den Walzenabstand nach und nach verringern, bis der Teig die gewünschte Dicke hat (für die Tortelli ist das bei der zweitkleinsten Einstellung der Fall). Die fertigen Teigstreifen auf der mit Hartweizengrieß bestreuten Arbeitsfläche ausbreiten. Besitzen Sie keine Nudelmaschine, den Teig auf der leicht bemehlten Arbeitsfläche mit dem Nudelholz so dünn wie möglich ausrollen.

Ras el Hanout
Wörtlich übersetzt bedeutet der Ausdruck »Chef des Ladens«. Es handelt sich dabei um eine marokkanische Gewürzmischung, die bis zu 100 verschiedene Zutaten enthalten kann. Die Grundzutaten sind Koriander, Kreuzkümmel, Zimt, Kurkuma, Gewürznelke, Muskat, Kardamom und Chili. Ras el Hanout eignet sich besonders zum Würzen von Marinaden, Dressings und Saucen.

Reisessig
Reisessig, eine traditionelle Zutat der südostasiatischen Küche, wird aus fermentiertem Reis oder aus Reiswein hergestellt. Der farblose, würzige Essig eignet sich hervorragend für Saucen, eingelegtes Gemüse und Marinaden. Man bekommt ihn in gut sortierten Supermärkten und asiatischen Lebensmittelgeschäften.

Salz und Pfeffer
Es macht einen großen Unterschied, ob Sie Ihre Speisen mit Fleur de Sel und frisch gemahlenem schwarzem Pfeffer oder mit herkömmlichem Tafelsalz und fertig gemahlenem Pfeffer würzen. Unter Umständen müssen Sie Erstere allerdings etwas sparsamer verwenden. Sollten Sie einmal zu tief ins Salzfass gegriffen haben, ist das Gericht mit einem Spritzer Zitronensaft oder Essig vielleicht noch zu retten.

Sambal Oelek
Scharfe indonesische Chilipaste, die man zum Würzen von Currys, Marinaden und Saucen verwendet. Gehen Sie möglichst sparsam damit um, die Paste ist sehr scharf.

Sesamöl
Aromatisches, bernsteinfarbenes Speiseöl, das aus gerösteten Sesamsamen gewonnen und vor allem in der chinesischen, koreanischen und südostasiatischen Küche verwendet wird. Zum Aromatisieren der Speisen genügen wenige Tropfen, die allerdings erst nach dem Kochen hinzugefügt werden sollten, damit das Aroma nicht zerstört wird.

Sojasauce
Salzige asiatische Würzsauce, die aus fermentierten Sojabohnen, Weizen, Hefe, Salz und Zucker hergestellt wird. Dunkle Sojasauce ist etwas dicker und etwas milder als die helle Variante. Falls Sie eine glutenfreie Sojasauce bevorzugen, nehmen Sie Tamari. Diese japanische Sojasauce enthält keinen Weizen.

Sterilisieren
Um Einmachgläser zu sterilisieren, die Gläser und die Deckel zunächst gründlich mit Spülmittel und heißem Wasser reinigen und danach mit kochendem Wasser ausspülen. Den Backofen auf 150 °C vorheizen und die Gläser und Deckel 10 Minuten zum Trocknen hineinstellen. Das Einmachgut stets in die heißen Gläser füllen, damit sie nicht zerspringen. Die Gläser danach sofort verschließen und die Deckel fest zuschrauben.

Tahini
Hellbraune Paste aus geröstetem und gemahlenem Sesam. Tahini findet man vor allem im Mittleren Osten und in Asien. Die Paste kann aus ungeschälten oder aus geschälten Sesamkörnern hergestellt sein. In Europa wird meist letztere Variante (weißes Tahini) angeboten. Tahini eignet sich für Dressings und Saucen und ist eine Grundzutat von Hummus. Angebrochene Gläser stets im Kühlschrank aufbewahren.

Tamarindenmark
Aus dem Fruchtmark der Tamarinde hergestellte Paste, die vor allem in der indischen und südostasiatischen Küche Verwendung findet und den Speisen einen angenehmen süßsäuerlichen Geschmack verleiht. Tamarinden sind braune Hülsen, deren harte Samen von einem süßsauren Fruchtmark umschlossen werden. Tamarindenmark wird in Gläsern angeboten. Einen intensiveren Geschmack hat das getrocknete Fruchtfleisch, das in Blöcken verkauft wird und vor der Verwendung in heißem Wasser eingeweicht und danach abgeseiht werden muss.

Tempeh
Lebensmittel aus fermentierten Sojabohnen, das als heller gepresster Kuchen verkauft wird. Tempeh ist reich an Proteinen, Ballaststoffen und Vitaminen. Man kann es in Scheiben oder Würfel schneiden oder auch raspeln und grillen oder braten. Tempeh eignet sich aber ebenso für Currys oder Gemüsebratlinge. Es ist in guten Bioläden erhältlich.

Vegetarisches »nuoc mam«
Die pflanzliche Version der vietnamesischen Fischsauce wird aus Pilzen hergestellt, ist bei uns aber nur schwer erhältlich (eventuell in guten asiatischen Lebensmittelgeschäften). Sie kann gegebenenfalls auch durch helle Sojasauce ersetzt werden.

Zitronengras
Gewürzpflanze mit frischem, zitronenartigem Geschmack und Aroma. Das untere harte Ende der Stängel abschneiden, das obere Ende um 3 cm kürzen und die harten äußeren Blätter entfernen. Den verbleibenden weichen Teil in dünne Scheiben oder kleine Würfel schneiden. Oder die Stängel mit dem Nudelholz zerdrücken und beispielsweise in einer Sauce mitkochen (und vor dem Servieren wieder herausnehmen). Zitronengras eignet sich auch hervorragend zum Aromatisieren von Süßspeisen.

Register

A

Artischocken
Artischockensalat mit Flageolet-bohnen, Risoni und Pecorino 86
Gefüllte Artischocken mit Zitronen-mayonnaise 192

Auberginen
Auberginen mit Miso 148
Gemüse-Tempura mit Ponzu-Sauce 70
Geschmorte Auberginen mit Pak Choi, Erdnüssen und Thai-Basili-kum 182
Mini-Crêpes mit Kerbel, Auberginen-kaviar und Granatapfelkernen 204
Panelle mit Caponata 46
Tomaten-Auberginen-Tian 214

Avocados
Avocadosalat mit Chicorée und Tortillas 90
Avocadosalat mit Möhre-Rettich-Pickles und Satay-Sauce 84
Carpaccio von Sommergemüse mit Meerrettichsauce 144
Gebackener Ricotta mit Avocado 24
Hummus mit Avocado 60
Kalte Gemüsesuppe mit Avocado 108
Kartoffeln mit Kreuzkümmel und Guacamole 56

B

Bärlauchrisotto 201
Beeren
Brombeer-Milchshake 32
Mandeltarte mit Beerenkompott 228
Betelblätter mit Kokosnuss und Cashewkernen 208
Birnen
Gestürzte Birnentarte mit Parmesan und Thymian 224
Müsli mit Birnen und Walnüssen 26
Blätterteig
Pikante Tarteletts mit Kürbis und Feta 64
Tomaten-Auberginen-Tian 214
Blumenkohl
Gebratene Blumenkohlröschen mit Kreuzkümmel, Chili und Mandeln 150
Risotto mit Blumenkohl und Semmel-bröseln 201
Blutorangen, Radicchiosalat mit Mozza-rella und Croûtons 82
Bohnen
Artischockensalat mit Flageolet-bohnen, Risoni und Pecorino 86
Frittata mit Erbsen, Perlgraupen und Flageoletbohnen 198
Gegrillter Spargel mit Graupensalat und Schnittlauchsauce 96
Schwarze-Bohnen-Suppe mit getrockneten Tomaten 118

Selleriesamtsuppe mit weißen Bohnen und Chermoula 126
Sommerliche Minestrone 120
Brokkoli
Gemüse-Tempura mit Ponzu-Sauce 70
Indische Gemüsebeignets 66
Orecchiette mit Brokkoli und Pinien-kernen 158
Brot
Pane Cunzatu mit Oliven 132
Panini mit Ziegenkäse und gegrillten Tomaten 30
Pastinaken-Rosmarin-Brötchen 138
Rustikales Brot 134
Schnelles Brot 130
Brunnenkressesalat mit Camembert und Feigen 100
Bulgur mit Kirschtomatensalat 94
Butter
mit Knoblauch und Kräutern 234
mit Limette und Chili 234
mit Roquefort und schwarzem Pfeffer 234
Petersilienbutter 234

C

Carpaccio
mit Rote Bete, Feigen und Tapenade 187
von Sommergemüse mit Meerrettich-sauce 144
Caesar-Salat, gegrillter 102
Chermoula
Grundrezept 244
mit Couscoussalat 80
Selleriesamtsuppe mit weißen Bohnen 126
Chicorée
Avocadosalat mit Chicorée und Tortillas 90
Bunter Salat mit Rhabarber und Apfel 74
Couscous
Couscoussalat mit eingelegten Zitronen und Chermoula 80
Gefüllte Zwiebeln mit Couscous 178
Crêpes
mit Kerbel, Auberginenkaviar und Granatapfelkernen, Mini- 204
mit Pilzfüllung, vietnamesische 58
mit Spinat, Kräutern und Ricotta, gratinierte 188

D

Desserts
Mandeltarte mit Beerenkompott 228
Schokoladentarte mit Salzkaramell 226

E

Eier
allgemein 19
Eiercurry 184

Gebratener Reis mit Cashewkernen 162
Kartoffelpuffer mit Oliven und pochierten Eiern 160
Kleine Omeletts mit Zucchiniblüten und Tomaten 52
Mayonnaise 236
Weich gekochte Enteneier mit Sellerie-sticks 164
Erbsen
Frittata mit Erbsen, Perlgraupen und Flageoletbohnen 198
Indische Gemüsebeignets 66
Sommerliche Minestrone 120
Essigfrüchte 244

F

Falafel, Butternusskürbis, mit Gurken-Joghurt-Dip 42
Feigen
Brunnenkressesalat mit Camembert und Feigen 100
Feigenkonfitüre 230
Knuspermüsli mit Schokolade und Feigen 34
Rote-Bete-Feigen-Carpaccio mit Tapenade 187
Tapenade mit Feigen 240
Fenchel
Bunter Salat mit Rhabarber und Apfel 74
Butternusskürbiscreme mit Mais 122
Pizza mit gegrilltem Gemüse 174
Risotto mit Fenchel und Zitrone 201
Sommerliche Minestrone 120
Feta und Halloumi
Frittata mit Erbsen, Perlgraupen und Flageoletbohnen 198
Möhrenbratlinge mit Koriander, Halloumi und Zitronensauce 146
Pikante Tarteletts mit Kürbis und Feta 64
Frittata mit Erbsen, Perlgraupen und Flageoletbohnen 198
Frühlingsrollen, sommerliche 206

G

Gazpacho
andalusischer 114
weißer 116
Gemüse, grünes, und Walnuss-Tarator 186
Gemüsebeignets, indische 66
Gemüsebrühe 236
Gemüsegratin mit Crème fraîche und Gruyère 190
Gemüsesuppe, sauer-scharfe, vietname-sische 110
Gemüse-Tempura mit Ponzu-Sauce 70
Gemüseterrine, sommerliche 62
Gnocchi mit Ricotta und Petersilien-butter, gratinierte 176

Gomasio 236
Gorgonzolasauce 240

Granatapfel
Grenadine 250
Indischer Salat mit Kichererbsen 98
Mini-Crêpes mit Kerbel, Auberginen-
kaviar und Granatapfelkernen 204

Graupen
Frittata mit Erbsen, Perlgraupen und
Flageoletbohnen 198
Gegrillter Spargel mit Graupensalat
und Schnittlauchsauce 96
Perlgraupen mit Pilzen und Butter-
nusskürbis 222

Gruyère, Gemüsegratin 190

Gurke
Andalusischer Gazpacho 114
Butternusskürbis-Falafel mit Gurken-
Joghurt-Dip 42
Carpaccio von Sommergemüse mit
Meerrettichsauce 144
Geeiste Gurkensuppe mit Lieb-
stöckel 112
Indischer Salat mit Kichererbsen 98
Sommerliche Frühlingsrollen 206
Taboulé mit Kirschtomatensalat 94

Harissa 250

Hülsenfrüchte
allgemein 15
siehe Bohnen, Erbsen, Kichererbsen, Linsen

Hummus
Linsenmousse und Möhren-Hummus mit Knoblauchtoast 54
mit Avocado 60

J

Joghurt
Butternusskürbis-Falafel mit Gurken-
Joghurt-Dip 42
Couscoussalat mit eingelegten Zitro-
nen und Chermoula 80
Geeiste Gurkensuppe mit Lieb-
stöckel 112
Indischer Salat mit Kichererbsen 98
Mini-Crêpes mit Kerbel, Auber-
ginenkaviar und Granatapfel-
kernen 204
selbst gemacht 36–37

K

Kartoffeln
Kartoffeln mit Kreuzkümmel und
Guacamole 56
Kartoffelpuffer mit Oliven und
pochierten Eiern 160
Sautierte Pfifferlinge mit Sauer-
kirschen 220

Käse
allgemein 19
Feigenkonfitüre 230
siehe Ziegenkäse, Weichkäse,
Labneh, Feta, Mozzarella, Pecorino, Mascarpone, Gruyère
Kastanien mit Topinambur, geschmorte
180

Kichererbsen
Butternusskürbis-Falafel mit
Gurken-Joghurt-Dip 42
Hummus mit Avocado 60
Indischer Salat mit Kichererbsen 98
Kichererbsenmehl 250
Linsenmousse und Möhren-
Hummus mit Knoblauchtoast 54
Pikante gebackene Kichererbsen 105

Knollensellerie
Sellerie mit Remoulade 152
Selleriesamtsuppe mit weißen Bohnen
und Chermoula 126
Weich gekochte Enteneier mit Selle-
riesticks 164

Kohl
Rotkohlsalat mit Gomasio 187
Wirsing-Shiitake-Teigtaschen mit
schwarzer Essigsauce 44

Kokos
Betelblätter mit Kokosnuss und
Cashewkernen 208
Eiercurry 184
Satay-Sauce 244

Körner
allgemein 17
Knuspermüsli mit Honig und Kürbis-
kernen 34
Knusprige Körner mit Tahini 104
Wintersalat 78

Kürbis
Butternusskürbiscreme mit Mais 122
Butternusskürbis-Falafel mit
Gurken-Joghurt-Dip 42
Perlgraupen mit Pilzen und Butter-
nusskürbis 222
Pikante Tarteletts mit Kürbis und
Feta 64
Rotolo di pasta mit Kürbis-Spinat-
Füllung 216

L

Labneh
Käsekugeln mit gerösteter Paprikaschote 48
selbst gemacht 50–51
Warmer Salat mit Ofentomaten,
Labneh und Mandeln auf Mujaddara 76

Lauch
Gegrillter Spargel mit Graupensalat
und Schnittlauchsauce 96
Lauchterrine mit Senfmayonnaise 68

Linsen
Dal mit Tomaten und Spinat 169
Linsenmousse und Möhren-Hum-
mus mit Knoblauchtoast 54
Warmer Salat mit Ofentomaten,
Labneh und Mandeln auf Mujad-
dara 76

M

Mandeln
Gebratene Blumenkohlröschen mit
Kreuzkümmel, Chili und Mandeln
150

Haferflocken mit Mandelmilch und
Ahornsirup 22
Mandelmilch selbst gemacht 28–29
Mandeltarte mit Beerenkompott 228
Weißer Gazpacho 116

Mangold, Mini-Muffins mit Brie 40

Mangos
Mango-Smoothie mit Cashewkernen
32
Sommerliche Frühlingsrollen 206

Mascarpone
Rigatoni mit Chili und Walnüssen
166
Risotto mit Fenchel und Zitrone 201
Risotto mit Pastinaken, Salbei und
Mascarpone 172

Mayonnaise
Gefüllte Artischocken mit Zitronen-
mayonnaise 192
Grundrezept 236
Lauchterrine mit Senfmayonnaise 68

Milch
allgemein 19
Brombeer-Milchshake 32

Minestrone, sommerliche 120

Miso, Auberginen 148

Möhren
Avocadosalat mit Möhre-Rettich-
Pickles und Satay-Sauce 84
Butternusskürbiscreme mit Mais 122
Carpaccio von Sommergemüse mit
Meerrettichsauce 144
Gemüsegratin mit Crème fraîche und
Gruyère 190
Kalte Gemüsesuppe mit Avocado
108
Linsenmousse und Möhren-Hum-
mus mit Knoblauchtoast 54
Möhrenbratlinge mit Koriander,
Halloumi und Zitronensauce 146
Papaya-Möhren-Salat 186
Rote-Bete-Bouillon mit Steinpilzen
124
Wintersalat 78

Mozzarella
Nektarinen-Tomaten-Salat mit Büffel-
mozzarella 210
Pane Cunzatu mit Oliven 132
Pilzlasagne 196
Pizza mit gegrilltem Gemüse 174
Radicchiosalat mit Blutorangen,
Mozzarella und Croûtons 82

Muffins mit Mangold und Brie 40

Mujaddara, warmer Salat mit Ofentomaten, Labneh und Mandeln 70

Müsli
Haferflocken mit Mandelmilch und
Ahornsirup 22
Knuspermüsli
mit Aprikosen und Mandeln 34
mit Honig und Kürbiskernen 34
mit Kirschen und Kokosnuss 34
mit Schokolade und Feigen 34
mit Birnen und Walnüssen 26

Register 253

N

Nachspeisen *siehe* Desserts
Nektarinen-Tomaten-Salat mit Büffelmozzarella 210

Nudeln
Artischockensalat mit Flageolet-
bohnen, Risoni und Pecorino 86
Eiernudeln mit mariniertem Tempeh
und grünem Gemüse 142
Orecchiette mit Brokkoli und
Pinienkernen 158
Pastateig 250–251
Pilzlasagne 196
Rigatoni mit Chili und Walnüssen 166
Rotolo di pasta mit Kürbis-Spinat-
Füllung 216
Tortelli mit Borretsch und Salbei-
butter 218

nuoc mam, vegetarisches 251

Nüsse
allgemein 17
Betelblätter mit Kokosnuss und
Cashewkernen 208
Brunnenkressesalat mit Camembert
und Feigen 100
Gebratener Reis mit Cashewkernen
162
Geschmorte Auberginen mit Pak
Choi, Erdnüssen und Thai-Basi-
likum 182
Gestürzte Birnentarte mit Parmesan
und Thymian 224
Mango-Smoothie mit Cashewkernen
32
Müsli mit Birnen und Walnüssen 26
Nussmilch selbst gemacht 28
Quinoasalat mit Petersilienpesto,
gerösteten Haselnüssen und
Pilzen 88
rösten 250
Satay-Sauce 244
Walnüsse mit Ahornsirup 104
Walnuss-Tarator 241
Wintersalat 78

O

Oliven
Kartoffelpuffer mit Oliven und
pochierten Eiern 160
Pane Cunzatu mit Oliven 132
Pissaladière 194
Polentawürfel mit Oliven 105
Omeletts mit Zucchiniblüten und
Tomaten, kleine 52
Orecchiette mit Brokkoli und Pinien-
kernen 158

P Q

Pak Choi, geschmorte Auberginen,
Erdnüsse und Thai-Basilikum 182
Panelle mit Caponata 46
Panini mit Ziegenkäse und gegrillten
Tomaten 30
Papaya-Möhren-Salat 186

Paprikaschoten
Andalusischer Gazpacho 114

Couscoussalat mit eingelegten
Zitronen und Chermoula 80
Käsekugeln mit gerösteter Paprika-
schote 48
Paprikakompott 242
Sommerliche Gemüseterrine 62
Parmesanchips, knusprige 105

Pastinaken
Couscoussalat mit eingelegten
Zitronen und Chermoula 80
Gemüsegratin mit Crème fraîche
und Gruyère 190
Pastinaken-Rosmarin-Brötchen 138
Risotto mit Pastinaken, Salbei und
Mascarpone 172

Pecorino
Artischockensalat mit Flageolet-
bohnen, Risoni und Pecorino 86
Kartoffelpuffer mit Oliven und
pochierten Eiern 160
Orecchiette mit Brokkoli und Pinien-
kernen 158
Pesto 238

Pilze
allgemein 14
Gemüse-Tempura mit Ponzu-Sauce
70
Perlgraupen mit Pilzen und Butter-
nusskürbis 222
Pilzlasagne 196
Quinoasalat mit Petersilienpesto,
gerösteten Haselnüssen und
Pilzen 88
Rote-Bete-Bouillon mit Steinpilzen
124
Sautierte Pfifferlinge mit Sauer-
kirschen 220
Vietnamesische Crêpes mit Pilz-
füllung 58
Wirsing-Shiitake-Teigtaschen mit
schwarzer Essigsauce 44

Pinienkerne
Gefüllte Zwiebeln mit Couscous 178
Orecchiette mit Brokkoli und Pinien-
kernen 158
Pissaladière 194

Pizza
Pane Cunzatu mit Oliven 132
Pissaladière 194
Pizza bianca 134
Pizza mit gegrilltem Gemüse 174
Quinoasalat mit Petersilienpesto, gerös-
teten Haselnüssen und Pilzen 88

R

Radicchiosalat mit Blutorangen,
Mozzarella und Croûtons 82
Ras el Hanout 251

Reis
allgemein 18
Gebratener Reis mit Cashewkernen
162
Risotto bianco 200
Risotto mit Bärlauch 201
Risotto mit Blumenkohl und
Semmelbrösel 201

Risotto mit Fenchel und Zitrone 201
Risotto mit Pastinaken, Salbei und
Mascarpone 172
Risotto mit Tomaten und Pesto 200
Risotto mit Zucchini und Taleggio 200
Warmer Salat mit Ofentomaten,
Labneh und Mandeln auf Mujad-
dara 76

Rettich
Avocadosalat mit Möhre-Rettich-
Pickles und Satay-Sauce 84
Carpaccio von Sommergemüse mit
Meerrettichsauce 144
Rhabarber, bunter Salat mit Apfel 74

Ricotta
Gebackener Ricotta mit Avocado 24
Gratinierte Crêpes mit Spinat, Kräu-
tern und Ricotta 188
Gratinierte Gnocchi mit Ricotta und
Petersilienbutter 176
Rotolo di pasta mit Kürbis-Spinat-
Füllung 216
Sommerliche Gemüseterrine 62
Tortelli mit Borretsch und Salbeibut-
ter 218
Rigatoni mit Chili und Walnüssen 166

Risotto
bianco 200
mit Bärlauch 201
mit Blumenkohl und Semmelbrösel
201
mit Fenchel und Zitrone 201
mit Pastinaken, Salbei und Mascarpone 172
mit Tomaten und Pesto 200
mit Zucchini und Taleggio 200

Rote Bete
Bunter Salat mit Rhabarber und
Apfel 74
Rote-Bete-Bouillon mit Steinpilzen
124
Rote-Bete-Feigen-Carpaccio mit
Tapenade 187
Rotolo di pasta mit Kürbis-Spinat-
Füllung 216

Rucola
Möhrenbratlinge mit Koriander,
Halloumi und Zitronensauce 146
Radicchiosalat mit Blutorangen,
Mozzarella und Croûtons 82
Sommerliche Frühlingsrollen 206

S

Salate
Artischockensalat mit Flageolet-
bohnen, Risoni und Pecorino 86
Avocadosalat mit Chicorée und
Tortillas 90
Avocadosalat mit Möhre-Rettich-
Pickles und Satay-Sauce 84
Brunnenkressesalat mit Camembert
und Feigen 100
Bunter Salat mit Rhabarber und
Apfel 74
Couscoussalat mit eingelegten
Zitronen und Chermoula 80

254 *Register*

Gegrillter Caesar-Salat 102
Gegrillter Spargel mit Graupensalat
und Schnittlauchsauce 96
Indischer Salat mit Kichererbsen 98
Nektarinen-Tomaten-Salat mit Büffel-
mozzarella 210
Papaya-Möhren-Salat 186
Quinoasalat mit Petersilienpesto,
gerösteten Haselnüssen und
Pilzen 88
Radicchiosalat mit Blutorangen,
Mozzarella und Croûtons 82
Rotkohlsalat mit Gomasio 187
Schopska-Salat 168
Taboulé mit Kirschtomatensalat 94
Tomatensalat 168
Toppings 104
Geröstete Semmelbrösel mit
Knoblauch 104
Knusprige Körner mit Tahini 104
Knusprige Parmesanchips 105
Pikante gebackene Kicher-
erbsen 105
Polentawürfel mit Oliven 105
Walnüsse mit Ahornsirup 104
Warmer Salat mit Ofentomaten,
Labneh und Mandeln auf Mujad-
dara 76
Wintersalat 78

Saucen und Dressings
Balsamico-Vinaigrette 236
Béchamelsauce 241
Chermoula 244
Gorgonzolasauce 240
Ingwer-Limetten-Sauce 244
Meerrettichsauce 238
Paprikakompott 242
Pesto 238
Salsa verde 238
Satay-Sauce 244
Sauce hollandaise 240
Tapenade mit Feigen 240
Tomatenkonfitüre mit Chili 242
Tomatensauce 241
Tomatensauce mit gebratenen
Tomaten 242
Walnuss-Tarator 241
Zitronensauce 238
Selleriesuppe mit weißen Bohnen und
Chermoula 126

Soja
Eiernudeln mit mariniertem Tempeh
und grünem Gemüse 142
Knuspriger Tofu mit Soja-Ingwer-
Sauce 154
Selbst gemachter Tofu 156–157
Sojasauce 251
Tempeh 251

Spargel
Gegrillter Spargel mit Graupensalat
und Schnittlauchsauce 96
Gemüse-Tempura mit Ponzu-Sauce
70
Grüner Spargel mit gerösteten
Semmelbröseln 186
Sommerliche Minestrone 120

Spargel mit Champagnersauce 212

Spinat
Dal mit Tomaten und Spinat 169
Gratinierte Crêpes mit Spinat,
Kräutern und Ricotta 188
Kalte Gemüsesuppe mit Avocado 108
Rotolo di pasta mit Kürbis-Spinat-
Füllung 216
Warmer Salat mit Ofentomaten, Lab-
neh und Mandeln auf Mujaddara 76

Sprossen
Avocadosalat mit Möhre-Rettich-
Pickles und Satay-Sauce 84
Keimlinge selbst ziehen 92
Sauer-scharfe vietnamesische
Gemüsesuppe 110
Sommerliche Frühlingsrollen 206

Stangensellerie
Kalte Gemüsesuppe mit Avocado 108
Panelle mit Caponata 46
Rote-Bete-Bouillon mit Steinpilzen 124
Sauer-scharfe vietnamesische
Gemüsesuppe 110
Selleriesamtsuppe mit weißen Bohnen
und Chermoula 126
Sommerliche Minestrone 120

Suppen
Andalusischer Gazpacho 114
Butternusskürbiscreme mit Mais 122
Geeiste Gurkensuppe mit Liebstöckel
112
Kalte Gemüsesuppe mit Avocado 108
Rote-Bete-Bouillon mit Steinpilzen 124
Sauer-scharfe vietnamesische
Gemüsesuppe 110
Schwarze-Bohnen-Suppe mit
getrockneten Tomaten 118
Selleriesuppe mit weißen Bohnen
und Chermoula 126
Sommerliche Minestrone 120
Weißer Gazpacho 116

Süßkartoffeln
Gemüsegratin mit Crème fraîche und
Gruyère 190
Würzige Süßkartoffeln 187

T
Taboulé mit Kirschtomatensalat 94
Tahini 251
Tamarindenmark 251
Tapenade mit Feigen 240
Tarteletts mit Kürbis und Feta, pikante
64

Tartes
Gestürzte Birnentarte mit Parmesan
und Thymian 224
Gestürzte Kirschtomaten-Tarte 169
Mandeltarte mit Beerenkompott 228
Schokoladentarte mit Salzkaramell
226
Tomaten mit Estragon 169
Tempura, Gemüse, mit Ponzu-Sauce 70

Tofu
Knuspriger Tofu mit Soja-Ingwer-
Sauce 154
selbst gemacht 156–157

Tomaten
Andalusischer Gazpacho 114
Dal mit Tomaten und Spinat 169
Eiercurry 184
Einfacher Salat 168
Gestürzte Kirschtomatentarte 169
Indischer Salat mit Kichererbsen 98
Kleine Omeletts mit Zucchiniblüten
und Tomaten 52
Nektarinen-Tomaten-Salat mit Büffel-
mozzarella 210
Ofentomaten 242
Panelle mit Caponata 46
Panini mit Ziegenkäse und gegrillten
Tomaten 30
Panzanella burrata 168
Pissaladière 194
Risotto mit Tomaten und Pesto 200
Rotolo di pasta mit Kürbis-Spinat-
Füllung 216
Sauer-scharfe vietnamesische
Gemüsesuppe 110
Schopska-Salat 168
Schwarze-Bohnen-Suppe mit
getrockneten Tomaten 118
Taboulé mit Kirschtomatensalat 94
Tomaten-Auberginen-Tian 214
Tomatenkonfitüre mit Chili 242
Tomatensauce 241
Tomatensauce mit geschmorten
Tomaten 242
Tomatentarte mit Estragon 169
Warmer Salat mit Ofentomaten, Lab-
neh und Mandeln auf Mujaddara 76
Topinambur, geschmorte Kastanien 180
Tortelli mit Borretsch und Salbeibutter
218

W
Weichkäse
Brunnenkressesalat mit Camembert
und Feigen 100
Mini-Muffins mit Mangold und Brie 40
Wirsing-Shiitake-Teigtaschen mit
schwarzer Essigsauce 44

Z
Ziegenkäse
Käsekugeln mit gerösteter Paprika-
schote 48
Panini mit Ziegenkäse und gegrillten
Tomaten 30
Perlgraupen mit Pilzen und Butter-
nusskürbis 222
Sommerliche Frühlingsrollen 206
Wintersalat 78

Zucchini
Carpaccio von Sommergemüse mit
Meerrettichsauce 144
Pizza mit gegrilltem Gemüse 174
Risotto mit Zucchini und Taleggio 200
Sommerliche Gemüseterrine 62
Zucchiniblüten, kleine Omeletts 52

Zwiebeln
Gefüllte Zwiebeln mit Couscous 178
Pissaladière 194

DORLING KINDERSLEY
London, New York, Melbourne, München und Delhi

Dank

Danke, Catie. Ohne dein Engagement und deine Anregungen hätte ich dieses Projekt niemals zu einem erfolgreichen Abschluss gebracht. Hoffentlich wird es uns alle dazu motivieren, unseren Fleischkonsum hin und wieder etwas einzuschränken.

Danke, Sue. Die Geduld und Gelassenheit, mit der du die Entstehung dieses Buches begleitet hast, waren bewundernswert. Ein großes Dankeschön für deine Unterstützung und dafür, dass du stets die richtigen Worte gefunden hast.

Danke, Lisa, für den Humor und die Freundlichkeit, die du auch nicht einen Tag verloren hast. Trotz des Chaos in deiner Küche sind dir wirklich tolle Fotos gelungen.

Danke, Rashna, für die Fantasie, den Charme und die Heiterkeit, mit denen du die Seiten dieses wundervollen Buches gestaltet hast!

Und, bezaubernde Lou, danke, dass du mir während der Reportage eine so wertvolle Hilfe warst, du warst einfach wunderbar! Was hätte ich ohne dich getan?

Danke, Alice Chadwick, für die Originalität und den Humor, die du mit deinen wunderbaren Illustrationen in dieses Buch gebracht hast.

Ein besonderer Dank an Francesco für die vielen Köstlichkeiten, die er uns während der Reportage zukommen ließ, und an die Petersham Nurseries, die uns freundlicherweise den Zinktisch (unseren »Zaubertisch«) zur Verfügung gestellt haben, der uns bei den Fotoaufnahmen so wertvolle Dienste geleistet hat.

Dank auch an die Küchenchefs Stéphane, Skye, Rowley, Francesco und Tom für die Rezepte, die ihr uns freundlicherweise zur Verfügung gestellt habt. Sie machen das Buch zu etwas ganz Besonderem!

Stéphane Reynaud - Villa9trois - 28, rue Colbert, 93100 Montreuil, Frankreich.
Tel: +33 (0)1 48 58 17 37 www.villa9trois.com

Skye Gyngell - Petersham Nurseries Cafe - Church Lane, Off Petersham Road, Richmond, TW10 7AG, England.
Tel: +44 (0)208 605 3627 www.petershamnurseries.com

Rowley Leigh - Le Café Anglais - 8 Porchester Gardens, London W2 4DB, England.
Tel: +44 (0)20 7221 1415 www.lecafeanglais.co.uk

Francesco Mazzei - L'Anima - 1 Snowden Street, Broadgate West, London EC2A 2DQ, England.
Tel: +44 (0)207 422 7000 www.lanima.co.uk

Tom Pemberton - Hereford Road Restaurant - 3 Hereford Road, Westbourne Grove, London W2 4AB, England.
Tel: +44 (0)20 7727 1144 www.herefordroad.org

Redaktion Sue Quinn und Nelly Mégret
Gestaltung Rashna Mody Clark
Illustrationen Alice Chadwick
Herstellung Frédéric Voisin

Für die deutsche Ausgabe
Programmleitung Monika Schlitzer
Projektbetreuung Elke Homburg
Herstellungsleitung Dorothee Whittaker
Herstellung Anna Strommer

> Bibliografische Information der Deutschen Bibliothek:
> Die Deutsche Bibliothek verzeichnet diese Publikation in der Deutschen Nationalbibliografie;
> detaillierte bibliografische Daten sind im Internet über http://dnb.ddb.de abrufbar.

Titel der französischen Originalausgabe:
MON PREMIER DîNER VÉGÉTARIEN

Der Originaltitel erschien 2010 in Frankreich bei Hachette Livre (Marabout), Paris

© Marabout 2010

Alle Rechte vorbehalten. Jegliche – auch auszugsweise – Verwertung, Wiedergabe, Vervielfältigung oder Speicherung, ob elektronisch, mechanisch, durch Fotokopie oder Aufzeichnung bedarf der vorherigen schriftlichen Genehmigung durch die Copyright-Inhaber.

© der deutschsprachigen Ausgabe by Dorling Kindersley Verlag GmbH, München, 2011
Alle deutschsprachigen Rechte vorbehalten

Übersetzung Barbara Holle
Redaktion Katja Treu

ISBN 978-3-8310-1964-9

Printed in Spain by Gráficas Estella

Besuchen Sie uns im Internet
www.dorlingkindersley.de